Viviendo en el Mundo de los Espíritus

Romance de
Patrícia

Psicografía de
VERA LÚCIA MARINZECK DE CARVALHO

Traducción al Español:
J.Thomas Saldias, MSc.
Trujillo, Perú, Febrero, 2020

Revisión:
Yenny N. Chura Chura
Melanie Vargas Casanova

World Spiritist Institute

Houston, Texas, USA
E–mail: contact@worldspiritistinstitute.org

ÍNDICE

De la Médium

Vera Lúcia Marinzeck de Carvalho (São Sebastião do Paraíso, 21 de octubre -) es una médium espírita brasileña.

Desde pequeña se dio cuenta de su mediumnidad, en forma de clarividencia. Un vecino le prestó la primera obra espírita que leyó, "El Libro de los Espíritus", de Allan Kardec. Comenzó a seguir la Doctrina Espírita en 1975.

Recibe obras dictadas por los espíritus Patrícia, Rosângela, Jussara y Antônio Carlos, con quienes comenzó en psicografía, practicando durante nueve años hasta el lanzamiento de su primer trabajo en 1990.

El libro "Violetas na Janela", del espíritu Patrícia, publicado en 1993, se ha convertido en un éxito de ventas en el Brasil con más de 2 millones de copias vendidas habiendo sido traducido al inglés y al castellano y adaptada al teatro.

Esta traducción de "Viviendo en el Mundo de los Espíritus" es un tomo más de la serie "Violetas en la Ventana" dictados por su sobrina Patricia, todos traducidos y disponibles a través de **World Spiritist Institute.**

Del Traductor

Jesus Thomas Saldias, MSc., nació en Trujillo, Perú.

Desde los años 80's conoció la doctrina espírita gracias a su estadía en Brasil donde tuvo oportunidad de interactuar a través de médiums con el Dr. Napoleón Rodriguez

Laureano, quien se convirtió en su mentor y guía espiritual.

Posteriormente se mudó al Estado de Texas, en los Estados Unidos y se graduó en la carrera de Zootecnia en la Universidad de Texas A&M. Obtuvo también su Maestría en Ciencias de Fauna Silvestre siguiendo sus estudios de Doctorado en la misma universidad.

Terminada su carrera académica, estableció la empresa *Global Specialized Consultants LLC* a través de la cual promovió el Uso Sostenible de Recursos Naturales a través de Latino América y luego fue partícipe de la formación del **World Spiritist Institute**, registrado en el Estado de Texas como una

ONG sin fines de lucro con la finalidad de promover la divulgación de la doctrina espírita.

Actualmente se encuentra trabajando desde Perú en la traducción de libros de varios médiums y espíritus del portugués al español, así como conduciendo el programa "La Hora de los Espíritus."

PRÓLOGO

Desde la antigüedad, la historia de la humanidad nos ha traído noticias básicamente de dos tipos característicos de hombres: héroes o santos, y malvados u oscuros, ambos con sus consiguientes premios o castigos.

Los relatores no nos cuentan qué pasa con los millones de hombres que vienen, viven, pasan por la Tierra y no dejan huellas. Hombres cuyas vidas se diluyeron en medio de las multitudes. Hombres que, con su trabajo y dedicación, dieron a los héroes las condiciones para realizar sus grandes obras. Hombres que vinieron y vivieron bajo la presión de la sociedad o fueron prácticamente esclavizados por los más astutos. Durante estos millones de años, la raza humana aun no ha ejercido una buena vida, con la excepción de unos pocos.

En este libro, tenemos en el personaje central a una persona que vivió bien, cuando estaba en el mundo físico

Aunque era una persona común, su vida fraterna fue la causa de un pase suave y tranquilo al mundo astral, incluso porque no podría ser de otra manera. Los lectores tendrán la oportunidad de confirmar los encantamientos de la vida, acompañando al personaje, a pesar de que no es ni una heroína ni una santa.

Verán la belleza y la armonía de la vida, cuando el hombre se encuentra espontáneamente con la integración cósmica. La vida le da a su hijo vitalidad, alegría y amor no contaminados por las pasiones mundanas.

Para el personaje central, el afecto y el cariño de alguien que durante un período no demasiado largo fue su padre.

José Carlos Braghini,

São Sebastião do Paraíso, MG – 1993

1.– NUEVOS AMIGOS

Saturada de entusiasmo y alegría, no por esa fugaz euforia que ocasionalmente nos sucede en el mundo, sino por un estado permanente que involucra todo lo que vemos y tocamos en belleza, con ese estado mental me presenté en el departamento de la escuela a la que fui destinada. Entré sola, crucé el patio y caminé hacia el sector donde cumpliría con las pautas para el curso que iba a comenzar. Lo poco que sabía sobre este curso me dejara ansiosa por hacerlo. Entré en la sala donde íbamos a tener la primera reunión del grupo. Al pasar por la puerta del aula, vi que muchos ya habían llegado y todos me saludaran. Saludos acompañados de una sonrisa franca y lealtad, que aprecié mucho en mi relación con mis colegas cuando estaba encarnada. La habitación era grande y agradable. Los escritorios o mesas eran cómodos y cada uno tenía un cartel con el nombre del candidato. Busqué el mío y me senté a esperar. Pronto llegaron todos los estudiantes. No conocía a nadie, pero todos eran amables, me sentía entre amigos, no superficialmente, sino entre aquellas personas en quienes podemos confiar nuestros asuntos más íntimos. Como es común en todos los lugares donde prevalece la expectativa, se formaron pequeños grupos en una conversación saludable.

– ¡Atención por favor!

Los tres orientadores entraran en la sala. Nos sentamos y estuvimos en silencio.

– Soy Raimundo.

– Soy Isaura.

– Soy Frederico.

Los tres instructores se presentaran y se pararan frente al grupo.

Había otro estudiante que llevaba menos tiempo desencarnado estaba hacía tres años en esa condición. La mayoría de ellos habían estado en el plano espiritual durante mucho tiempo y tenían muchos años de trabajo.

Doña Isaura, señora con un vasto conocimiento sobre el mundo en el que vivíamos y que ha estado trabajando en este curso durante mucho tiempo, nos dio, con una mirada amable y un aspecto agradable, algunas explicaciones.

– Este curso se realiza de tres maneras. Los jóvenes y los niños mayores lo tienen como parte del estudio del Centro Educativo.

Los adultos pueden hacer esto de dos maneras. Los que no tienen conocimiento, lo hacen en un período más largo: tres años, mientras que los que tienen conocimiento lo hacen en nueve meses, como es este caso.

Frederico y doña Isaura se sentaron. Frederico era mi amigo y sería nuestro instructor. Me alegró verlo y tenerlo cerca. Raimundo respondía algunas preguntas y, sonriendo, habló un poco sobre sí mismo:

– He estado en el plano espiritual durante sesenta años. Quince años administrando cursos. En cada curso que enseño aprendo un poco más. Ahora estoy disponible para las preguntas de este agradable grupo.

Marcela fue la primera en preguntar.

– ¿Solo conoceremos el plano espiritual a través de cursos?

– Ciertamente no. Muchos lo conocen por su trabajo. Pero los cursos nos dan un conocimiento más extenso y completo –. Después de una pausa, nuestro maestro continuó con bondad:

– Les gustará. Primero, tendrán clases teóricas sobre un tema determinado, luego tendrán clases prácticas en las que, a través de las excursiones, verán lo que han estudiado en el aula.

En estas excursiones, no solo serán espectadores, sino que también actuarán. Trabajaremos donde sea que estemos.

También visitaremos entornos diseñados y respaldados por espíritus ignorantes y visitaremos islas de alivio mantenidas por espíritus trabajadores.

Regresaremos aquí para debates y apreciaciones en las cuales todos darán opiniones y sugerencias que serán estudiadas y que pueden ser utilizadas. Las opiniones de todos serán importantes.

Como nadie hizo más preguntas, doña Isaura explicó:

– En clase, pueden venir vestidos como quieran, pero en las excursiones, usaremos un uniforme. La vestimenta es importante; ya que para nosotros es como una presentación. Encontrarán uniformes en los cuartos. Ahora conoceremos el alojamiento, sus habitaciones que es dónde se alojarán mientras estudian aquí. Durante el curso, entre una asignatura y otra, tendrán pocas horas libres. Serán nueve meses sin descansos. Dentro de dos horas comenzaremos el curso, y el primer tema será las Colonias. Aprovechen estas dos horas para conocerse mejor.

Se formaron pequeños grupos y los tres instructores se fueran, también se alojarían en habitaciones como las nuestras y con los estudiantes.

– Hola, soy Nair. No conozco a nadie aquí – dijo una señora de aspecto agradable, dirigiéndose a mí. – Vine de otra Colonia para este curso.

– Mucho gusto, Nair. ¿Qué tal si vamos a ver el alojamiento juntas?

Sonreí, animándola. Tampoco conocía a nadie, pero iba a saberlo y sentía que me gustarían todos. Nair había venido de una pequeña Colonia. Quería, como todos, aprender. Salimos de la habitación y poco después estaban las habitaciones: había treinta seguidas. Había una etiqueta en la puerta con el nombre de cada participante. Entré en la mía para dejar mis pocas pertenencias. Me sentí conmovida, la habitación era hermosa. Pasaría muchas horas allí durante los siguientes nueve meses. Realmente me gusta tener un lugar para orar, meditar, estar sola para pensar y así el conocimiento adquirido proporcione un ambiente para mi comprensión espiritual, el cual es fundamental para mí. La habitación era ideal, pintada de amarillo claro, con cortinas de encaje en la ventana, que daba a un jardín florido. Estaba amueblado con un armario, cama, sofá y un escritorio. Hermosas lámparas y una maravillosa pintura un paisaje con montaña y lago la adornaban. El baño era pequeño, todo era hermoso y cómodo. Puse las fotos de mi familia que había traído sobre el escritorio, junto con los objetos que uso para escribir y estudiar. Miré las fotos durante mucho tiempo. Amo a mi familia y tenerlos a la vista es muy agradable. Parecía que todos me saludaron con cariño y aliento. Mi padre parecía decir: "Estoy orgulloso de ti, hija, saber, aprender, es tener siempre nuevas oportunidades." Mi familia es mi alegría, juntos participamos en armonía con el Creador. Mantuve la poca ropa en el armario. El uniforme estaba colgado. Eran pantalones celestes, una camisa estampada azul, con mi nombre bordado en el bolsillo. La camisa de los hombres era azul, al igual que los pantalones. El calzado consistía en zapatillas o zapatos azules. Cómodo y práctico, realmente me gustó. Después de mirar todo, salí feliz al patio. Todos en clase hablamos animadamente. Estábamos todos juntos. Me entretuve a mí misma. Me gustaron Faltando quince minutos para el curso, todos fuimos a nuestras habitaciones para estar un poco solos.

Es difícil describir lo que sentí, porque siempre me encantó estudiar, siempre anhelé aprender. Ahí estaba para mi primer curso intensivo de aprendizaje. Sabía mucho por los libros espíritas cómo era el Plano Espiritual, pero ahora estaba desencarnada y lo vería por mí misma. Recé y agradecí. Solo tenía que agradecerte por la oportunidad.

Cuando escuché una suave campana, fui al aula. Raimundo fue quien nos recibió:

— Mis amigos, digamos una oración pidiéndole al Maestro Jesús que sea nuestro mejor consejero en este curso en el que aprenderemos sobre el Plano Espiritual. Que nuestro Gran Hermano esté siempre con nosotros y que podamos aprender, ayudar, durante toda su vida. Padre Nuestro...

Con una sonrisa agradable dio su primera clase.

2.– Colonias

El instructor Raimundo comenzó su explicación haciéndonos conscientes de la existencia, en toda la Tierra, de Colonias espirituales. Son numerosas en todo el Brasil. Las Colonias son ciudades en el Plano Espiritual que albergan temporalmente a los espíritus desencarnados, que están en la espera de reencarnaciones.

¡Son adorables! En todos los lugares donde hay ciudades materiales hay un espacio espiritual y hay Puestos de Socorro y Colonias. Las pequeñas localidades de encarnados, como los pueblos y las ciudades, también tienen su espacio espiritual, excepto que a veces no tienen Colonias y sus habitantes, cuando se desencarnan y, si tienen condiciones, van a las Colonias vecinas.

Las Colonias pueden ser pequeñas, medianas, grandes y de estudio.

Las Colonias de estudio son solo una escuela o universidad. Hay alojamientos para maestros y estudiantes, aulas, bibliotecas y enormes salas de video. Son lugares en los cuales los estudiosos sueñan con conocer y vivir.

Las otras Colonias tienen las mismas bases, están cerradas, hay puertas, sistemas de defensa, grandes hospitales, escuelas, jardines, plazas, lugares para reuniones y conferencias, y la gobernación. No son lo mismo y no podrían serlo. Todas son hermosas y ofrecen muchas atracciones.

Vimos películas sobre Colonias, primero las muchas que existen en el Brasil, luego las principales en el extranjero. India y Tíbet tienen Colonias encantadoras, de una arquitectura diferente, en las que utilizan un color dorado muy claro. Son hermosas.

La clase teórica fue realmente interesante. Se preguntó mucho, y los instructores respondieron con placer

– ¿Quién fundó las Colonias? – Marcela quería saberlo.

– Cada Colonia tiene sus fundadores. Son grupos de espíritus constructores que vinieron al Brasil con inmigrantes. Así como se formaron las ciudades en la Tierra, también lo fueron las Colonias. Hay Colonias en el Oriente, de miles de años. Vivimos en grupos, los más avanzados ayudan a los más atrasados, siempre cerca uno del otro. Es por eso que cada ciudad en la Tierra tiene su núcleo espiritual correspondiente.

– Antes de la Colonización de Brasil, ¿no había Colonias? – Preguntó Louis.

– No como estos. Había, sí, núcleos espirituales, en los que los asesores del Brasil ya planeaban la colonización, protegían y guiaban a sus habitantes, los indios.

– ¿Puede un espíritu entrar en una Colonia, tratando de engañar? – Preguntó Luíza

– Nunca escuchamos de tal evento. ¿Qué vendría a hacer? Él mismo se sentiría mal por no ser su medio. Si quisiera espiar, lo que vería no podría copiar. No podría engañar, porque su forma de vida difiere de la nuestra. Casi todas las Colonias, las ciudades espirituales, están ubicadas a cierta distancia vibratoria del orbe de la Tierra y, sin compararlas con las medidas físicas, están dentro de la cuarta dimensión vibratoria, comenzando desde nuestra amada Tierra.

– Si una ciudad material fuera destruida, ¿la Colonia también terminaría en ese espacio? –Ivo preguntó, curioso.

– No terminaría. Si la ciudad del encarnado no fuera reconstruida, la Colonia cambiaría a otra ubicación

– ¿Las Colonias también crecen? – preguntó Gloria.

– Sí, dependiendo de sus necesidades, se expanden.

– Prediciendo un evento desastroso en la ciudad material, ¿las Colonias se están preparando para recibir a los protegidos? – Preguntó James.

– Ciertamente, así como los Puestos de Socorro en la región, pero, para no causar pánico y preocupación entre sus habitantes, esta preparación se realiza horas antes.

La clase práctica comenzó. Primero, fuimos a recorrer nuestra Colonia, que ya conocía. Pero fue, como siempre, emocionante caminar hasta allí. Una fiesta para mis ojos y mi espíritu. Y ahora, con el primer grupo de compañeros, las maravillas que conocía parecían renovarse en mis ojos. Como la madre que nunca se cansa de mirar y admirar a su amado hijo. El alegre grupo se enteró de todo, vimos las plazas, los jardines y los edificios, hablamos gratamente con el jefe de la Colonia, su gobernador, quien nos animó con palabras amables. Cuando visitamos el hospital, hablamos con los pacientes, tratando de transmitir la alegría que sentíamos. Ayudamos con la limpieza y alimentación de pacientes.

Las Colonias tienen un intercambio perfecto entre ellas y con los Puestos de Socorro subordinados a ellas.

Frederico nos explicó:

– Ahora, conocerás la Escuela de Regeneración. Pocas Colonias tienen estas escuelas.

Están destinados a los hermanos oscuros, para recuperarse. Debe aclararse que hay una gran diferencia entre los espíritus oscuros y los espíritus necesitados. En nuestros Centros Espíritas, normalmente, se ayuda a los espíritus necesitados o ignorantes. Estos espíritus tenebrosos van muy poco a la Tierra, no están interesados en los encarnados porque los encuentran ignorantes e inútiles, ciertamente hay algunas excepciones. Estos hermanos casi siempre se dedican a reinar en sus dominios en el Umbral. Hay pocos centros dedicados a adoctrinar a esta clase de espíritus, ya que requieren mucho trabajo. Se realizan en el mal y en el mal quieren vivir; desprecian cualquier actitud fraterna, cultivan el egoísmo.

Dominan y están dominados, no hay libertad. En estos dominios hay jueces y vengadores en nombre de Dios Esta escuela fue fundada para recibir a esos hermanos.

La Escuela de Regeneración es muy hermosa y está ubicada dentro de la Colonia de San Sebastian[1]. Está rodeado y solo es posible entrar y

---

[1] Nota de la Autora Espiritual: En mi primer libro, *Violetas en la Ventana*, describí la Colonia donde estoy y, en general, todas las Colonias. En este libro, para no ser repetitivo, las describo superficialmente.

salir por una puerta. En él, las aulas y el alojamiento están ubicados, tanto para maestros como para estudiantes, una biblioteca bien equipada, una pequeña sala de video donde hay televisión y películas sobre diversos temas.

Hay cafetería, sala de conferencias, salas de asistencia, una enfermería y la dirección. En la parte trasera, un huerto y campos de cereales, un lugar concurrido para la terapia estudiantil. En el centro, un hermoso jardín con muchas flores y bancas.

Los maestros, además de ser buenos, en el sentido fraterno, tienen un profundo conocimiento para tratar con los hermanos que se encuentran allí.

El curso es intensivo, con clases de moral cristiana, alfabetización y educación. Los estudiantes usan uniformes y solo salen de la escuela después de terminar el curso; ni van otras partes de la Colonia. Al finalizar, eligen una ocupación o se reencarnan. Es un trabajo hermoso y ha dado excelentes resultados. Desafortunadamente, para estos hermanos que han pasado mucho tiempo en el error y la oscuridad, se necesita un lugar apropiado para que reciban orientación especial.

Hablamos con algunos estudiantes que habían estado en la escuela por algún tiempo, todos estaban felices; Dijeron que les encantaba la escuela y los maestros y que estaban haciendo un buen uso de las clases que recibieron.

¡Es un gran trabajo de regeneración!

Fuimos a recorrer otras Colonias. Viajamos en aerobús. Visitamos una Colonia de tamaño mediano. La Colonia del espacio espiritual de la ciudad de Ribeirão Preto. ¡Es linda! Muy florida y su biblioteca es enorme. Fue maravilloso visitar este sitio de investigación que es su biblioteca, estaba encantado con sus viejos libros y videos de la formación de la Tierra. Cuenta con tres grandes hospitales y muchas plazas. El área infantil u Hogar de los Niños, es muy grande y hermoso.

En la clase teórica, habíamos pedido visitar la *Colônia Nosso Lar* (Colonia Nuestro Hogar).

– Mi sueño – dijo Luís con entusiasmo –, desde que estaba encarnado es, visitar a Colonia Nuestro Hogar y, si es posible, ver a André Luiz.

Llegado el tan esperado día, fuimos a visitar la Colonia Nuestro Hogar, en el espacio espiritual de la ciudad de Río de Janeiro.

Creo que casi todos los espíritas sueñan con conocer esta Colonia, fue la primera que la psicografía describiera a los encarnados. Fuimos muy bien recibidos. Estuvimos dos días en una de sus escuelas. Conocimos todos sus parques y bosques más importantes. Realmente, ¡Nuestro Hogar es magnífico!

Me emocionó ver tantas bellezas. El segundo día, por la tarde, estuvimos agradecidos de conocer al escritor André Luiz. Nos reunimos en una de sus salas de conferencias. Hay varios en esta Colonia. El salón es redondo, el escenario tiene forma de media luna, los asientos también son redondeados. Toda la sala tiene diferentes tonos de amarillo. Muy hermosa y diferente. El auditorio estaba lleno, varios grupos de turistas estaban allí con el mismo propósito. Nos dijeron que André Luiz, siempre que sea posible, responde a solicitudes como esta, para excursiones de estudiantes que desean conocerlo. Luís no pudo dejar de sonreír.

– ¡Que feliz me siento! ¡Mi sueño se hizo realidad! ¡Soy fanático de este escritor desde que era encarnado!

André Luiz se presentó con sencillez y naturalidad. Es como ciertas personas que miramos y encontramos súper agradables. Nos saludó sonriendo.

¡Pensé que era diferente! – exclamó Ivo –. ¡Es tan simple que no parece ser tan conocido por todas las colonias en el Brasil y por todos los espíritas!

Doña Isaura miró a Ivo, pidiendo silencio. André Luiz dijo, con voz fuerte y tranquila, que él era solo un simple estudiante en una etapa anterior y que solo se hizo conocido por haber tenido la oportunidad de dictar los libros que fueron psicografiados, describiendo el Plano Espiritual.

Para él, lo más importante era que todos los que estaban allí, queriendo estudiar, aprendieran a ser útiles con sabiduría. Luego dijo una hermosa oración. La reunión duró veinte minutos. Como admiradora del dúo André Luiz y Chico Xavier, fue un premio escucharlo y verlo.

Pasamos a una de las Colonias en la ciudad de São Paulo. En total hay tres grandes. Estamos encantados por su tamaño. ¡Y qué bien se divide todo! También pasamos por Brasilia. Es una nueva Colonia, bien distribuida, moderna y maravillosa. Es una de las Colonias más bellas de Brasil. Sus plazas y jardines son fabulosos y hay muchas flores del plano superior que perfuman el aire, encantando a todos.

En el guion de nuestras Visitas había dos Colonias de Estudio. Ahora era mi turno de estar radiante, ya que estas Colonias ejercen una deliciosa fascinación sobre mí. Aunque son solo para estudios, ofrecen formas espectaculares de transmitir el conocimiento a sus estudiantes.

– Hola, Patricia – dijo Nair –, apuesto a que irás a una Colonia de Estudio lo antes posible.

– Sí – respondí sonriendo y soñando –, ¡si es posible estudiaré en una!

Las Colonias son realmente maravillosas. Por mucho que tratemos de describirlos, no podemos transmitir la belleza que vemos. Cada descripción también es narrada por alguien que, por afinidad, habla de lo que más le gusta.

Murilo, un compañero amante de la naturaleza, ama la Botánica, dijo que, si tuviera la oportunidad, narraría la belleza y variedad de plantas y flores. Puede que me resulte más fácil describir lugares de estudio. Amo aprender.

Regresamos con entusiasmo al aula, llenos de espíritu y disposición. Las opiniones fueran cálidas.

No hubo sugerencias, ¿cambiar qué? ¡Todo fue perfecto!

Se sugirió que todos comentaran lo que vieran y sintieran en la gira. En la ocasión, hablé con deleite de las salas de video, que ya he descrito en el libro *Violetas en la Ventana*, en la Colonia de Estudio. Sus temas están completos. Verlos y hacer uso de estas habitaciones es el sueño de cualquier aprendiz. Las Colonias de estudio tienen nombres hermosos y sugerentes. También hablé con entusiasmo sobre la oportunidad que tuve de conocer una sociedad perfecta, gobernada por el amor y la fraternidad.

– Bueno, a todos les gustó, esto es bueno, porque en los próximos temas no solo verán maravillas. Y el trabajo será parte de las siguientes excursiones – dijo doña Isaura cariñosamente.

3.– Refugio Caridad y Luz

Los Puestos de Socorro, dijo Raimundo, son lugares donde los espíritus rescatados tienen una estadía temporal, reciben apoyo y guía, son libres de elegir el camino a seguir. Si se adaptan a una nueva vida y se despiertan para crecer, estudiarán en las colonias que necesiten. Si están insatisfechos y disgustados, regresan a su lugar de origen. Estos Puestos también se llaman casas, mansiones, refugios, colonias, etc. Son sitios de alivio más pequeños en la costra y en el Umbral. Pueden ser grandes, medianos o pequeños. No son ciudades, aunque hay algunas que tienen todas las características de una.

– ¿También tienen quien las administre? – Quería saber Ilda.

– Ciertamente En los puestos, reina la armonía y la disciplina. Hay una persona responsable y un grupo de orientadores que ayudan en esta administración.

– ¿Las casas transitorias, rotatorias o giratorias son Puestos de Socorro? – Preguntó Luís.

– Sí, esos refugios ubicados dentro de Umbral se mueven, según sea necesario, a otros lugares dentro de Umbral. Son Puestos de Socorro.

– ¿Qué son realmente los Puestos de Socorro? – Preguntó Luíza.

– Son refugios temporales, donde se alojan los hermanos necesitados y donde se les trata con todo cariño sus enfermedades y necesidades. Estos hermanos son llevados a las Colonias. Sin embargo, muchos de ellos permanecen, cuando están sanos, en los Puestos que sirven a la comunidad que los protegió.

Preguntamos mucho, vimos varias películas sobre Puestos de Socorro. Ha llegado el momento de visitarlos.

Frederico nos presentó a un hombre chino llamado In–AI–Chin. Este es un amigo que nos acompañará cuando hagamos excursiones.

Estábamos callados, pero las preguntas hervían en nuestros cerebros; Zé no pudo soportarlo y preguntó:

– ¿Por qué? ¿Hay alguna razón para que tengamos una compañía tan agradable? El chino sonrió suavemente y Frederico respondió:

– Nunca hubo un accidente desagradable en estos viajes de estudio. Tienes razón, Zé, hay una razón para que este compañero esté con nosotros. Tenemos a Patricia en medio de nosotros, que, cuando se encarnó, era espírita, y su padre es un adoctrinador, líder de un Centro Espírita. Como todos los que encienden la Luz molestan a los ignorantes hermanos de la oscuridad, por precaución, In–AI–Chin nos acompañará. Nuestro amigo trabaja en el equipo de desencarnados en este Centro Espírita, él tiene mucha experiencia. Le tiene mucho cariño a Patricia y trabajó espiritualmente a su lado, cuando estaba encarnada. Al querer siempre verla bien, la acompañará a ella y a nosotros en las excursiones, las cuales serán para Patricia la primera. La madre de Patricia teme represalias por el trabajo que hace su padre; ello lo pidió y, para tranquilizarla, fue atendida por este amigo que formará parte de nuestro equipo.

Pensé: "Espero que no te vuelvas como mi nodriza". In–AI–Chin sonrió encantadoramente y...

– Espero no ser inoportuno. Mi objetivo es ayudar y aprender. Aunque haya venido para estar cerca de Flor Azul de Patricia, quiero ser amigo de todos.

Me ruboricé. Al grupo le gustó su idea. Lo rodearon. In–AI–Chin es sereno, dulce, de mediana estatura, lleva una túnica ligera y un sombrero. A muchos espíritus les gusta seguir vistiéndose como lo hicieron cuando se encarnaron. Nunca he visto un espíritu iluminado con ropa extravagante. Son simples, se visten como les gusta. Los espíritus orientales generalmente se visten con túnicas, es decir, cómo se visten cuando están encarnados. Es como les gusta ser. In–AI–Chin siempre sonríe, mostrando mucha tranquilidad y felicidad. Se dirigió a mí solo como Flor Azul de Patricia. Y Zé preguntó:

– ¿Por qué la llamas la Flor Azul de Patricia?

– Porque tiene los ojos más azules que he visto, también porque son dulces y tranquilos, como dos flores que adornan a quienes la miran. Como su nombre es difícil de pronunciar y solo se dirigió a mí de esta manera, la llamamos Flor Azul, un nombre que lo hizo feliz. Él dice:

– ¡Nada más hermoso que ser comparado con una flor!

El primer Puesto de Socorro que visitamos es en el Umbral más suave. Fuimos en aerobús. Vimos pedazos del Umbral, que describiré cuando vayamos a visitarlo. Lo que sabía sobre los puestos y lo que vi en la conferencia me hizo sentir curiosidad acerca de cómo es esta parte del Plano Espiritual.

Se abrió un portón grande y pesado, entramos. Doña Isaura exclamó, conmovido:

– ¡Estamos en el Refugio Caridad y Luz!

El aerobús se detuvo en el patio, bajamos. El refugio parece un punto de luz, de claridad, en la oscura niebla del Umbral. ¡Es un lugar de amor! El Puesto tiene una forma redondeada, en el centro hay un cuadrado con una hermosa fuente. Tiene muchos árboles y flores similares a los que existen en la Tierra. En la entrada, justo después de la puerta, vemos hermosos macizos de rosas de colores. En todo el Puesto hay grandes jarrones con pequeñas flores rojas, fragantes y delicadas. ¡Hermosas!

Está rodeado de paredes altas y fuertes y tiene un excelente sistema de defensa. Nair, al ver todo, exclamó:

– Este Puesto debe incomodar. No se puede ver bien aquí. Raimundo sonrió y explicó:

– Nosotros, que caminamos por el bien, no atacamos a ningún hermano, ni a sus ciudades o refugios. Los oscuros ignorantes nos atacan y, si pudieran, destruirían este refugio y todos los Puestos de Socorro. Sí, incomodamos. La mayoría de los residentes del Umbral no quieren ayuda aquí.

El director del refugio vino a recibirnos con gran afecto. Estábamos hablando alegremente cuando un trabajador del Puesto se me acercó.

– ¿Eres Patricia, la hija del señor José Carlos?

– Sí, soy yo.

Sin que yo reaccionase, tomó mi mano, la besó y me entregó un ramo de flores.

– Le debo mucho a tu padre. Le agradezco a través de ti. Gracias. Pensé en ayudarte, pero como no necesitas ayuda, acepta este regalo.

Estaba avergonzada y por un momento no supe qué hacer. Todos estaban viendo la escena. Rápidamente pensé en lo que haría mi padre frente a este evento. Sonreí y lo abracé.

– ¡Qué bueno ver amigos aquí! ¿Cómo estás?

– Ahora bien, gracias a Dios. Trabajo aquí – dijo con orgullo –, esto se lo debo a Dios y a tu padre. Fui rescatado y guiado por él.

– Me alegra saberlo.

El señor se conmovió, se secó las lágrimas y se alejó. Doña Isaura se acercó y dijo:

– No seas tímida, Patricia. Es conmovedor ver gente agradecida. Lo hacen, porque tú lo haces. Su padre lo ayudó sin esperar una recompensa. Pero él, ese trabajador, aprendió bien y está agradecido. Estaba feliz de verte y poder darte las gracias. Hiciste bien, hija, ¡deberíamos estar agradecidos y recibir gratitud con afecto!

Un trabajador nos mostró el alojamiento. Nos quedaríamos tres días y no dejaríamos el cuarto.

Acomodaron dos en cada habitación. Me quedé con Nair. Esta amiga es curiosa y observadora.

– Esta cama es tuya, y esta es mía. ¿Incluso dormiremos?

– Como nos dijeron, aquí podríamos necesitar descansar, porque en este trabajo donamos mucha energía.

La habitación era sencilla, sin adornos, con una ventana que daba al patio y tenía un baño, porque a veces, cuando comíamos, necesitábamos usarla.

Nos llamaron a ver el exterior del refugio. Todo está pintado de blanco, sus ventanas tienen forma de ventanas viejas, son grandes y trabajadas. En el Umbral, fuera del refugio, la temperatura era fría; mientras qu, en el Puesto, fue amena y agradable. Existe un sistema similar a un calentador central que controla la temperatura ambiente, para que sus refugios no se sientan fríos o calientes. No sentimos los cambios de temperatura, porque aprendemos a regularnos. Para los que saben, la temperatura siempre es suave. Caminando por el Puesto, parece que estamos dentro de una gran construcción cuyos edificios están separados por pequeños patios. Fuimos a la torre de guardia. Leonel, un muchacho que estaba en el control, nos mostró todo. El sistema es perfecto.

Por los dispositivos de la torre saben quién se acerca al Puesto. Todo está televisado, todo el sistema de defensa se controla desde la torre.

– ¿El refugio recibe muchos ataques? – pregunté.

– Un promedio de tres al mes – respondió Leonel atentamente.

– ¿Alguna vez has tenido miedo de uno? – Preguntó Zé

– Hace seis meses, se reunieron en un gran grupo del Umbral y nos atacaron con toda su fuerza. Nos rodearon y tuvimos que poner todos nuestros pararrayos en acción. El personal del refugio se concentró en la oración. Tuve miedo por un momento y pensé que tendríamos que pedir ayuda a otros Puestos. Pero todo salió bien, ni siquiera se acercaran al refugio.

– ¿Te quedas aquí todo el tiempo? – Luíza quería saberlo.

– Nosotros rotamos. Amo esta torre

– Todo aquí parece complicado –, dijo Luis.

– No, todo es simple, aunque perfecto.

Hay una pantalla, similar a un televisor, que muestra toda la pared.

– Aquí – mostró Leonel –, a través de este dispositivo veo quién se acerca al refugio, a tres kilómetros de distancia.

– ¿Qué haces cuando te atacan? – preguntó Gloria

– Primero doy la alerta al refugio, luego enciendo los dispositivos de defensa que disparan cargas eléctricas.

– ¿Qué es esto? ¿Qué hay aquí? – Preguntó Luís, mostrando algunos objetos pequeños frente a un televisor conectado a la imagen de un hombre leyendo el Evangelio.

– Esto es espionaje – respondió Leonel sonriendo –. Algunos hermanos oscuros, curiosos de saber qué está pasando y cómo es aquí, colocan estos dispositivos de escucha, como botones, anillos, cinturones, amuletos, en aquellos que recibirán ayuda. Observa bien.

Lo vimos sin tocar.

¡Qué increíble! – Exclamó Gloria.

Tomamos estos dispositivos y los colocamos frente a este televisor. Está sintonizado en un canal donde se leen diariamente los Evangelios. Los oyentes escucharán un poco de lo que está en el libro y solo verán lo que está sucediendo en la televisión. Conocía este canal, es de una esfera superior donde leen y explican el Evangelio. Es ampliamente visto en toda la Colonia. Pero las preguntas continuaron. Cida preguntó:

– ¿No es posible que se mantengan algunos de estos dispositivos en los rescatados?

– No, porque se cambian de ropa y se bañan aquí, pero si se quedan, no verán nada que pueda interesarles.

Salí de la torre muy confiada. En el patio, dividimos al grupo en tres partes con diez miembros más un instructor y fuimos a las salas. Visitamos a los refugiados que ya están mejorando. Pensé para mí misma: "Están tan mal que ni siquiera puedo imaginar los peores."

Hombres y mujeres parecían fantasmas de una película de terror. Nos compadecimos de ellos. Delgados, ojos saltones y gimiendo.

Sus penas eran desgarradoras.

Traté de estar alegre cuando me acerqué a ellos. Pensé que, si los observaba bien, leería sus pensamientos, como había leído en los libros de André Luiz, cuando estaba encarnada. No obtuve nada, y le pregunté a Frederico por qué, – Patricia – me respondió – esto es para aquellos que saben, que trabajaron durante años con hermanos en este estado. Pronto tendrán clases en el curso y aprenderán un poco sobre el tema.

Alimentamos y limpiamos a los protegidos. Hablamos con ellos, algunos respondieron, explicaron cómo estaban, algunos hablaron sobre sus desencarnaciones. Generalmente les gusta hablar de sí mismos, quejarse. Un hombre triste dijo que era alegre pero imprudente, cometió errores, sufrió mucho cuando se desencarnó y estaba triste. Les dimos pases, oramos por todos los que visitamos. La mayoría parecía ajena; los nerviosos se calmaron después del pase.

Algunos no entendieron nada de lo que vieron y preguntaron qué estaba pasando, otros respondieron con monosílabos a las preguntas. Cuando terminamos, nos sentíamos cansados. Fuimos a las habitaciones. Me duché y fui al comedor, donde comimos fruta y tomamos jugos.

Estaba oscureciendo. Nos invitaron a ir al salón de música. El lugar es muy hermoso, con hermosas pinturas, macetas, cómodas sillas. Raimundo explicó:

– En esta sala tenemos televisión, cine, instrumentos musicales. Es el lugar donde los trabajadores e invitados se reúnen para conferencias edificantes.

María y Tobías, dos trabajadores del Puesto, nos proporcionaron hermosas melodías, ella al piano y él al violín.

Marcela, nuestra colega, cantó dos canciones. Pasamos momentos agradables.

Todo el Puesto está iluminado con luz artificial, e incluso durante el día hay luces encendidas dentro de los edificios, excepto en los patios que solo tienen las luces encendidas al anochecer. Por la noche, el Puesto está bien iluminado. Salimos al patio. Vimos el cielo casi como los encarnados, pero con más niebla, la luz de la luna es débil. El aroma de las flores, especialmente las rojas, invade los patios.

Nos fuimos a descansar, estuve cansada y dormí durante cinco horas. Al amanecer nos despertaran, comimos y visitamos el resto de Caridad y Luz.

– ¡Hola chicos! – Dijo Zé, quien se levantó tarde –. No he dormido tanto en mucho tiempo.

– Cuando perdemos energía y no estamos acostumbrados, necesitamos restaurarla – explicó doña Isaura.

El Puesto tiene una biblioteca hermosa y bien cuidada, que contiene una vasta literatura espírita. Los buenos libros de los encarnados tienen sus copias allí. Es bien frecuentado por trabajadores y refugiados en recuperación. Al lado de la biblioteca está la sala de oración. Lugar discreto y muy bello, no grande, pero acogedor. También cuenta con cómodas sillas y macetas. Allí, los internos en recuperación van a rezar. Los trabajadores también disfrutan de asistir a la sala.

Es silencioso, tiene muchos fluidos energéticos. Hay mucha paz adentro.

El amanecer en el Puesto es hermoso, el sol aparece entre las nubes, iluminando los patios y jardines.

Fuimos a las salas. Visitamos a los hermanos, que dormían en pesadillas. ¡Ah, cómo es obligatoria la cosecha!

Al verlos, nos sentimos llenos de compasión, porque sabíamos que todos estaban allí de esa manera, por imprudencia, muchos errores. Pasamos horas en las salas. Ver tantos hermanos sufrientes me entristeció. Aunque sabiendo que nada es injusto, queríamos recuperar a todos. Pero esto es imposible, porque la recuperación es lenta, ayudamos a pocos. Dimos pases, nos acomodamos, dimos agua, hicimos círculos de oración. Solo dos despertaron y fueron llevados a otra sala. Se despiertan asustados, muchos temen y lloran.

Estaba cansada. Luego fuimos a la habitación, donde me duché, comí, hice ejercicios de respiración y relajación. Nos íbamos a la mañana siguiente. La clase se reuniría por la tarde para ver una película y escuchar una conferencia.

Pedí descansar; muchos en la clase también lo pidieran. Aquellos hermanos sufrientes no salieran de mi mente. Estaba revisando todo como en una película. Los instructores siempre se quedaran con nosotros y fueron los que más trabajaran, siempre estuvieran listos para aclarar cualquier duda. Flor Azul, siempre tranquilo, ayudó a los enfermos con gran afecto. Después de rezar, Nair y yo nos fuimos a dormir. Dormir desencarnada es como quedarse dormido encarnado. Cuando uno encarna, el cuerpo descansa, desencarnada es el periespíritu el que descansa, y nos re–energizamos. Justo después de este curso, nunca volví a dormir. Es genial tener mucho tiempo.

Desperté renovada. Nos fuimos sin decir adiós, porque volveríamos una y otra vez y nos quedaríamos allí, mientras visitábamos los Puestos de la Tierra.

Fuimos en aerobús a la costra. Ver el sol sin niebla es mucho más agradable, respiramos aliviados. Visitaríamos los Puestos de Socorro existentes para los encarnados en esa región. En las ciudades de la Tierra hay muchos pequeños Puestos de Socorro, y también en los Centros Espíritas. Estos Puestos son verdaderos puntos de amor y ayuda.

Los visitamos por horas. Ayudamos cuidando a los enfermos y a los recién desencarnados. La mayoría de los rescatados recientemente desencarnados permanecen en los puestos durante algún tiempo, después de lo cual son llevados para ser adoctrinados en las reuniones de los Centros Espíritas o para ir a otros lugares y ser transportados a Puestos o Colonias más grandes.

Los que se quedan casi siempre pasan de ayudados a ayudantes. Siempre hay muchos trabajadores y el trabajo es inmenso. El movimiento es grande; la persona responsable del Puesto se queda para atender a las personas y trabajadores que tienen problemas. Especialmente los Puestos de los Centros Espíritas están siempre llenos. La mayoría de ellos se encuentran por encima de la construcción del material. Hay un sistema de defensa, puerta o portón, ventanas con barrotes, salas, sala de recepción, lugar de descanso para trabajadores, a veces salas de música y pequeñas bibliotecas.

Nair me comentó:

– Observa, Patricia, que donde quiera que vayamos siempre hay buenos libros y muchas copias del Evangelio y *El Evangelio según el Espiritismo*.

– ¡No se instruyen aquellos que no quieren! – le respondí.

– ¿Sabes cuántos cristianos, o quienes se hacen llamar cristianos, tienen una religión y no conocen el Evangelio? – nos preguntó Ivo.

– Debe haber muchos; no saben ni siguen, a notar por los muchos rescatados – respondí.

– ¡Es una pena! – exclamó Ivo –. ¡El Evangelio no debe ser leído sino vivido! Estábamos en un Puesto, todos ocupados, cuando escuchamos a Cida gritar. Me asusté tanto que me quedé paralizada por unos segundos, luego también corrí. Cida estaba en el cuarto delantero, el vestidor. Frederico llegó tan rápido que se topó con Flor Azul.

– ¡Cálmate, Cida! ¿Qué pasó? – Preguntó Frederico.

– ¡Un hombre entró aquí, robó un esparadrapo y corrió!

– ¡Uf! – Frederico exclamó con alivio.

– Creo que grité por nada – dijo Cida, avergonzada.

– En vano y escandalosamente, Cida – dijo doña Isaura cariñosamente –. No había necesidad de gritar.

– Les pido disculpas – dijo Cida.

– El hermano que tomó la cinta no pasará por la puerta, solo si el portero se va. Y a menudo lo hacen. Vino aquí queriendo objetos para hacer un vendaje, a veces sobre él o sobre sus compañeros. Alrededor de la Tierra, alrededor de los Puestos, siempre hay muchos hermanos deambulando, están vampirizando a los encarnados. Muchos vampirizan a los alcohólicos y se pelean. A veces vienen aquí para hacer vendajes, pero saben que escucharán algunas verdades que les molestan, por lo que prefieren robarnos, explicó un asistente del Puesto, que terminó de buen humor. Espero que el susto haya pasado.

– ¿Recibes muchos ataques? – Ivo preguntó.

– No muchos. Son más ataques de hermanos que quieren divertirse, pero como nuestros rayos eléctricos son fuertes y les dan la impresión de la muerte, apenas nos atacan.

– ¿Cómo llegó este hombre aquí? – preguntó Luíza con curiosidad –. Es conocido por el portero y mío. Le pidió al portero que fuese atendido, y también lo dejó entrar y salir sin problemas. La mayoría de los vagabundos a menudo nos piden cosas, como medicamentos y alimentos, y es raro que nos roben. Este, hoy, decidió hacerlo.

José de Arimatea, nuestro distraído Joe, exclamó en voz alta:

– ¡Ya sé por qué usamos uniformes! ¡Es para no ser confundidos con las otras mangas de viento!

El susto pasó, volvimos a las tareas. Ya era de noche cuando volvimos a Caridad y Luz para un merecido descanso. Realizamos estas visitas durante dos días hicimos y descansamos en el refugio. Las excursiones fueron muy útiles. Realmente disfruté estos Puestos de Socorro entre los encarnados. Son realmente útiles, donde la caridad se aplica verdaderamente.

4.– Puesto de Vigilancia

Por la mañanita, salimos de nuevo, solo que esta vez a pie. Caminar por el Umbral es extraño. Mientras que la Colonia es una fiesta para mí, el Umbral, con su ambiente angustiante y deprimente, es un espectáculo terrible y horrible para mí. Sabía que muchos espíritus deambulaban por allí, y me compadecí de ellos, ya que también sabía que a muchos les gustaba, lo que me pareció desagradable, pero todos tenemos libre albedrío y a todos les gusta un lugar. Caminamos durante horas seguidas, todos juntos: doña Isaura al frente, Raimundo en el medio y Frederico al final; Flor Azul a mi lado. No hablamos, fuimos en silencio. Teníamos recomendaciones para no hablar, para no ser notados. Caminamos con precaución en terreno firme, porque hay mucho barro. Llevamos capas marrones, con capucha, que llegaban hasta las rodillas, dejando solo la cara hacia afuera, y nos pusimos botas especiales. Luíza comentó mientras nos vestíamos:

– ¿Por qué nos vestimos así para caminar por el Umbral? Se ve tan raro.

– Solo nos estamos protegiendo a nosotros mismos – respondió doña Isaura.

– Si somos atacados, las capas nos protegerán. Las botas están destinadas a proporcionar seguridad en el camino. Al caminar por el Umbral, entendí por qué nos vestimos así.

El Umbral está sucio, tiene partes resbaladizas. Las botas nos dieron firmeza y las capas, comodidad. Deslumbrada por lo que vi, cuando me di cuenta, a menudo tenía los ojos muy abiertos. Pensé

"Si estuviera aquí sola, me moriría de miedo, si eso fuera posible". En un momento, un pájaro grande voló cerca de nosotros. Me sorprendió y sofoqué un grito que se me quedó atrapado en la garganta. Pero no fui solo yo quien tuvo el susto, Luíza y Nair se acurrucaron junto a Flor Azul, que estaba tranquilo y nos miró sonriendo. El resto del camino estuve muy cerca de él. Hicimos el viaje en perfecto silencio y sin problemas.

La luz es escasa, parecía estar anocheciendo entre los encarnados. Sin mucha neblina o niebla. Desde la distancia, el Puesto se parece a un muro, no se puede ver nada en el exterior. Cuando nos acercamos, vimos la pared gris y la puerta, similar a una de madera, pesada, trabajada en relieve, hermosa y simple.

Doña Isaura tocó el timbre y el pesado portón fue abierto. Entramos al patio: era cuadrado con pocas flores, algunos cantos estaban adornados y rodeados de pequeños árboles sin mucha belleza, similar a muchos que tienen los encarnados. Fuimos recibidos por su administrador, director o responsable:

— ¡Buenas tardes! Soy Guillermo. Bienvenidos al Puesto de Vigilancia. Por favor, vengan conmigo, les mostraré sus habitaciones, porque supongo que quieren descansar.

Las Colonias y los Puestos de Socorro siguen al mismo tiempo que la Tierra. Si en la ciudad de los encarnados fueran las dos de la tarde, allí también lo es.

El Puesto de Vigilancia se encuentra en el Umbral, en una zona de gran sufrimiento. Es una casa transitoria o giratoria, es decir, cambia de lugar. Joaquim, uno de nuestros colegas, trabajó allí durante años y estuvo fuera para tomar el curso. Después de completarlo, volverá a sus actividades. Fue recibido con alegría, abrazado por los trabajadores del Puesto.

Nos dimos cuenta de que todos allí se amaban, formando una gran familia.

Luces artificiales iluminan el Puesto día y noche. Desde el patio, pasamos a la parte para invitados. Luíza y yo nos quedamos juntas en la habitación, la cual era sencilla, sin adornos, pero cómoda. Después de asearnos, fuimos a la cafetería, donde tuvimos una cena, que consistía en frutas y caldos. Nos encontramos poco después en la sala de conferencias para hablar.

Recibimos explicaciones sobre el Puesto de Vigilancia.

– Este refugio fue creado al mismo tiempo que se formó un asentamiento para los encarnados. Cuando el ambiente comienza a ponerse muy pesado, llega la tormenta de fuego y cambiamos de lugar, explicó Guillermo.

– ¡Quería ver uno! – Exclamó James.

– No estamos esperando una por ahora – continuó el administrador del Puesto –. El fuego cae como un rayo que quema todo, purificando los fluidos pesados. Todos huyen, y los que van a ser rescatados reciben refugio aquí.

– ¿Se mudan lejos? – pregunté

– No, siempre nos quedamos en la región. Hay casas como estas en otras Colonias, que se trasladan a lugares a veinte o cincuenta kilómetros de distancia. Generalmente nos movemos de siete a diez kilómetros.

– ¿Has estado trabajando aquí por mucho tiempo? Preguntó Nair –. Hace treinta años

– ¡Pucha! – exclamó Marcela –. Debes haber ganado mucha experiencia. ¿Cómo llegaste al Puesto?

– Cuando estaba encarnado, era una buena persona, cumplía con mis deberes. Amaba y amo los Evangelios e hice todo lo posible para seguir el ejemplo de Jesús. Desencarné y, cuando me rescataron, me llevaron a una Colonia. Encontré encantador todo lo que vi allí, pero me encantó esta Puesto tan pronto como lo visité en una excursión, como la que están haciendo ahora.

Comprendí que hay pocos que, como yo, reciben ayuda cuando desencarnan y sentí pena por ver tantos hermanos imprudentes que sufren. Quería trabajar en la Vigilancia. Mi solicitud fue aceptada y durante años que serví aquí, hice un poco de todo. Pude ayudar a amigos, parientes y, poco a poco, todos los rescatados se convirtieron en mis hermanos. Aquí aprendí a amar a todos, como Jesús nos enseñó. Tengo un amor especial por este rincón de ayuda. He estado manejando el Puesto de Vigilancia durante trece años.

Guillermo, hablando del Puesto de Vigilancia, tenía los ojos brillantes de entusiasmo. Lo miré con asombro, ciertamente su trabajo no era fácil. Allí estaba solo por amor a sus semejantes y lo demostró en sus modales, en su mirada tranquila y amable. Todos lo admiraban.

La conversación continuó, intercambiamos ideas sobre el Umbral, de la parte que vimos. Hablamos hasta las ocho y nos retiramos a nuestras habitaciones. En la Colonia, apenas comí o dormí. En estas excursiones, caminando por el Umbral y ayudando en los Puestos nos cansaba, gastábamos energía. Entonces, necesitábamos comida al menos una vez al día y descansar. Este descanso fue leer algo edificante, meditar e incluso dormir durante unas horas.

Al día siguiente, a las cinco de la mañana, participamos en la oración de la mañana. Guillermo invitó a doña Isaura a decir la oración. Nuestra consejera oró con un fervor que nos conmovió. Transparentes pétalos de fluidos cayeron sobre el Puesto y sobre nosotros, fortaleciéndonos, saturándonos con mucha energía. Poco después, fuimos a visitar el Puesto de Vigilancia. Es un Puesto de tamaño mediano. Cuenta con una sala de conferencias, también ocupada para música, una sala de directores, una cafetería, un patio, salas de consulta, cuartos para los trabajadores y enfermerías. Nuestros tres instructores, desde nuestra llegada, han estado en las salas de consulta, atendiendo a los confundidos refugiados en busca de orientación. Flor Azul estaba ayudando en las salas todo el tiempo.

Nos dividimos en grupos de siete y fuimos con los trabajadores a ayudar en las salas. Son largas, con camas a ambos lados, baños sencillos, todas muy limpias y luminosas. Los protegidos tienen necesidades: allí comen y usan el baño. Tienen hambre y sed, simplemente no sienten frío ni calor porque el Puesto tiene un sistema similar al aire acondicionado de los encarnados. Este sistema es central, dejando el Puesto, e incluso sus patios, con una temperatura agradable.

Primero, ingresamos a las salas donde los pacientes estaban en mejores condiciones.

Hablamos con ellos y les ayudamos a alimentarse y limpiarse.

– ¡Eres bonita! – Dijo una mujer muy delgada con ojos tristes, dirigiéndose a mí.

– Gracias. ¿Cómo estás?

– Ahora no me puedo quejar. He sufrido mucho, pero me lo merecía. Cuando estaba encarnada hice mucho mal.

Solo sonreí. Sabía que la curiosidad no conduce a nada. Teníamos recomendaciones para alentar a los enfermos, para hablar sobre el Evangelio y Jesús. Pero también para escuchar sus arrebatos.

– ¡Eres tan buena! ¿Sufriste cuando te desencarnaste? – me preguntó.

– No, sentí que me iba a dormir y me desperté bien y entre amigos.

– Entre amigos. Para tener amigos tienes que hacerlos, ¿verdad? No los hice, y los que pensé que tenía eran peores que yo. ¡Apuesto a que no sufriste, porque fuiste buena!

– Tal vez debería haber sido mejor. Pero no cometí errores, desencarné en paz y la armonía me acompañó.

– ¿No quieres escucharme un poco? A veces tengo ganas de hablar. Los trabajadores aquí son geniales, pero están tan ocupados. Ya sabes, que no fui buena en nada. Era una mala hija, me escapé de casa a la edad de trece años para ejercer el meretricio, tuve muchos abortos. Tuve tres hijos, entregué a dos, al otro también lo hubiese entregado. Era un niño astuto, un ladrón. Un día, cuando le robó a un cliente mío, lo mató. No fui una buena madre. Bebí mucho, envejecí rápido y la muerte me buscó por sufrimiento. Pasé diecisiete años en el Umbral. Cuando me ayudaron, fue un desastre, estaba muy cansada. He estado aquí por mucho tiempo.

– Y mejorará pronto – dije, animándola –. Saque de los errores del pasado enseñanzas para el futuro. Intente recuperarse y pase de ser ayudada a ayudar.

La señora sonrió con tristeza. Le di un pase, dije una oración en voz alta, me agradeció:

– ¡Gracias!

Un caballero seguía diciendo:

– ¡Café, tengo que cosechar el café!

Después del pase, dijo frases más grandes, y estaba claro que robó mucho café de sus jefes. Cosechaba el café de la plantación durante el día y lo robaba por la noche. El arrepentimiento le hizo ver el hecho sin contemplación. Después del círculo de oración, se durmió con calma.

Y así, muchos tenían historias reales que contar, descubrieron errores sobre errores. La mayoría había sido egoísta.

Amaban lo material más que las verdades espirituales. El orgullo y el egoísmo llevan a muchos a la amplia puerta de la perdición, al sufrimiento después de la desencarnación. Cuando salimos de las salas, Zé comentó:

– Estaba de humor para preguntarle a Frederico por qué hay tantas salas y, en ellas, tantos necesitados.

Me enteré escuchando a estos desafortunados. Sabes, me impresionó saber de un hombre que violó y mató a su propia hija de ocho años.

Uno de los trabajadores del Puesto, al escuchar, argumentó:

– Son los imprudentes a los que Jesús se refirió. No hicieron el bien, vivieron por la materia, plantaron el mal y cosecharon sufrimiento. E hicieron tanto mal a los demás y a sí mismos, que solo pudieron quedarse como están.

Entonces, querido estudiante, estos refugios son bálsamos para ellos.

En la segunda sala, los pacientes estaban en peor estado. Algunos hablaban sin parar. Cuando fueran atendidos con comida, pases y oraciones, mejoraran, a veces se calmaban, a veces hablaban frases más coherentes.

Un hombre me llamó la atención, el remordimiento lo castigó: expulsó a sus padres, que ya eran viejos, de su casa, y fallecieron en un manicomio, sin volver a verlo. Otra señora habló sin parar que había matado. Después de tomar el pase, recordó al amante que había asesinado fríamente. Otro caballero recordó con angustia a la hija rechazada de su amante.

"¡Qué bueno! – Pensé – no tener tantos errores para atormentarme. ¡Qué feliz soy! Nada mejor que plantar el bien ".

Visitamos dos salas el primer día. Los trabajadores de puesto no hacen lo que hicimos.

No hay tiempo, porque los trabajadores son pocos para mucho trabajo. Terminamos la tarde, fuimos a nuestra habitación, luego a la cafetería, y de allí fuimos a la sala de música.

Por la noche salimos al patio. Las paredes que rodean la vigilancia son fuertes y altas, y en el patio hay una torre con el sistema de defensa. Para llegar allí, se utiliza un ascensor. Subimos en pequeños grupos. La torre tiene treinta metros de largo.

También tienen sistemas de defensa perfectos y nunca un ataque los preocupó. Margarida, la señora a cargo a esa hora de guardia nos mostró algunos dispositivos que miden las vibraciones fuera del Puesto en un radio de tres kilómetros. Informan quienes se acercan y cuántos hay. No puedes ver el cielo o las estrellas; a veces la luna, cuando está llena. Miré desde lo alto de la torre, alrededor del Puesto, no vi nada, solo el poste de abajo y sus luces; afuera, la niebla y la oscuridad.

Cuando esperé el turno para subir a la torre, miré distraídamente una pequeña y hermosa fuente de piedra verde, con delicados contornos de flores, rodeada de plantas. Flor Azul se acercó:

– ¿Qué estás pensando, Flor Azul de Patricia?

– Espero ver la torre. Fue bueno verte. Quiero agradecer.

–¿Usted recuerda al caballero que le agradeció en Caridad y Luz? Me siento como él, solo que más feliz, porque puedo acompañarte y hacer algo por ti. Lo que hago, me gustaría estar haciendo también a tu padre. Le debo mucho a él, al grupo espírita y a ti. Ser capaz de devolver es una gracia. He sido tu amigo desde que eras encarnada. No me agradezcas, lo hago de corazón y con felicidad.

– ¡Qué lindo ser tu amiga, Flor Azul!

– Cuando tenemos buenos amigos, tenemos tesoros. Teniéndolos como amigos, a ti y a tu padre, me siento rico.

Él sonrió con ternura. "Sí" - pensé -, "tiene razón. Hacer tener buenos espíritus como amigos es tener tesoros espirituales. También sentí que tenía grandes bienes."

Frederico dijo la oración de la tarde y nos fuimos a descansar. Estaba pensando en los enfermos, lo que vi y lo que escuché de ellos.

¡Cómo la maldad hace mal al malvado! ¡Cómo es difícil la cosecha de la mala siembra!

Al día siguiente, fuimos a tres enfermerías de hermanos que dormían en pesadillas. Es triste verlos. Algunos mantienen los ojos abiertos y quietos. La mayoría no habla, sus caras son de horror. Todos estaban desinfectados y bien instalados y, sin embargo, eran agradables de ver. Mantienen las imágenes de sus errores pasando por sus mentes, una y otra vez. A veces gimen de angustia. Los cuidamos con cuidado, los limpiamos, los acomodamos, les damos pases y les ofrecemos oraciones. Muchos más tarde se calmaron, mejorando sus expresiones. El tiempo que permanecen así es variado, algunos permanecen años, otros meses. Cuando se despiertan, se mudan a otra sala. Los enfermos siguen cambiando de guardia hasta que se recuperan. Cuando se recuperan, eligen qué hacer: comienzan a trabajar en el Puesto, o van a las Colonias a estudiar o reencarnan.

Por la noche escuchamos música. Una trabajadora del Puesto de Vigilancia nos brindó con adorables canciones.

Se llama Cecília, canta muy bien, tiene una voz hermosa. La buena música ayuda a restaurar la energía. Siempre es agradable escuchar canciones en compañía de amigos: a los trabajadores del Puesto de Vigilancia les encanta recibir estas excursiones y visitas, les gusta hablar, intercambiar información. La noche transcurrió sin problemas.

5.– Samaritanos

Al otro día, justo después de la oración de la mañana, se dio la alarma. Los samaritanos se acercaban.

Continuamos en el patio para esperarlos.

La puerta se abrió y entraran.

Llegaran en vehículos que no se pueden describir. No hay condiciones para transmitir situaciones idénticas, porque no son lo mismo, en los dos planes de vida. Solo puedo transmitir las similitudes en estados psíquicos y espirituales. Puede haber similitudes visuales, pero no los mismos hechos en el contenido externo e interno. Los observamos, excepto Joaquim, que fue a ayudarlos. Los samaritanos son los trabajadores del Puesto que abandonan el Umbral para ayudar a quienes quieren ayuda. Estaban vestidos, para un mejor trabajo, con botas altas y capas con una gorra cuyo color eran entre las tonalidades del beige a marrón claro. Como los que usamos para cruzar el Umbral. Los rescatados estaban medio vestidos, y los pocos vestidos tenían su ropa sucia y hecha jirones. Nos compadecimos. Estaban sucios, con cabello y uñas grandes. Algunos hablaron, otros permanecieron como momias, no se movieron, aunque sus ojos estaban abiertos y aterrorizados.

Muchos gimieron con tristeza. Por un momento estuve triste. Ver a esos hermanos de esa manera fue conmovedor. Nunca pensé en ver tanto sufrimiento. Muchos mostraron signos de tortura. Estuvimos en silencio, parece que por un momento no teníamos ganas de hablar, la escena nos conmovió.

Una mujer rescatada, al ver a uno de los trabajadores, exclamó:

¡Un ángel! ¡Eres un ángel! ¡Ayúdame, por el amor de Dios!

Los rescatados fueron llevados a su propia enfermería especial para ser limpiados y alimentados. Luego serían enviados a las salas y estarían separados, dependiendo de su condición.

– ¡Por favor, déjenme quedarme con ella!

Un hombre sostenía la mano de una mujer, quien dormía en una pesadilla.

– Dispondré para que estén juntos. - ¡Gracias! – Respondió un samaritano.

Guillermo confirmó el pedido. Estarían juntos. Normalmente, por sus estados, estarían separados. Pero esos dos estaban unidos y el hombre, en mejor estado, se preocupaba por la mujer, en peores condiciones. Se notó que se amaban. "Me alegro de que estuvieran juntos" – pensé.

El grupo de samaritanos estaba compuesto por dos mujeres y seis hombres. Nos saludaron sonriendo y fueron a vigilar los vehículos. Entonces, estos trabajadores comerían y descansarían. Nos acercamos, admirando su coraje y desinterés. Le pregunté a uno de ellos:

– ¿Te gusta este trabajo? ¿Cuánto tiempo has estado haciendo esto?

– Me encanta ir a buscar a quienes piden ayuda en nombre de Dios. Fui rescatado por una caravana como esta, hace quince años, en este Puesto, y durante cinco años he estado en este trabajo.

– ¿Cómo te sientes, siendo mujer, en un trabajo que requiere tanto coraje? – Nuestro Zé distraído le preguntó a una de las trabajadoras, una chica de unos treinta años y muy guapa.

– No hay trabajo en el plano espiritual solo para hombres o mujeres. Aquí estamos las criaturas de Dios.

Me gusta lo que hago Cada vez que regreso al Puesto con hermanos que sufren, es una alegría para mi corazón.

La caravana trajo veintiún rescatados. Estos trabajadores permanecen durante días en el Umbral, van a todos los lugares donde los necesitan y siempre ayudan a muchos hermanos.

La duración de la estadía en el Puesto varía de dos a tres días. Durante ese tiempo hacen planes, diseñan rutas para la próxima ayuda.

Poco después de que los rescatadores fueran recogidos, la torre dio la alarma.

El sonido de esta es una campanada suave. Hay cuatro formas de hacer sonar la alarma. Tres cortos, como se les dio a los samaritanos, significan el acercamiento de una diligencia para bien. Un toque suave y largo significa la cercanía de hermanos ignorantes.

Otro tono de llamada más fuerte es para advertir sobre ataques; lo que tiene un sonido diferente, advierte que el Puesto está a punto de ser atacado por muchos espíritus. Aunque no haya escándalo y todo esté en silencio, el sonido alcanza a las personas que necesitan ser alertadas. La campana no suena en las salas.

El guardia de la torre nos dijo que se acercaba un grupo de diez hermanos de las tinieblas.

– Esperemos y veamos qué quieren – dijo Guillermo. De nuevo, el guardia dijo que el grupo se había detenido a pocos metros de distancia. Pronto escuchamos gritos.

– ¿Qué gritan? – Preguntó Luíza –. ¿Decir Valeria?

– Creo que es Venancio – dijo James.

Uno de los rescatistas salió del patio desesperado.

– ¡Es él! ¡Es Valencio! – Explicó un samaritano.

El hombre estaba en una condición horrible, había sido torturado y estaba gravemente herido, signos de tortura marcaban todo su cuerpo. Guillermo y uno de los trabajadores lo sostuvieran y lo llevaran adentro nuevamente.

Frederico nos explicó:

– Este rescatado estaba siendo torturado por ese grupo. Se arrepintió y pidió, a tiempo, ayuda en nombre de Dios. Esta vez, los rescatatistas lo trajeron, y sus verdugos lo persiguieron. Ahora lo llevarán a una cámara donde no escuchará esas llamadas.

– ¿Qué hizo para ser tratado así? – Preguntó Gloria con pena.

– Infelices de quienes hacen cosas malas, porque quienes las reciben no siempre perdonan. Llega un día en que la muerte los hace encontrarse. Ciertamente lo torturaron por venganza – aclaró Frederico.

– Si gritaran mi nombre, ¿quedaría, como él, estar desesperada? – pregunté impresionada. Frederico sonrió y dijo:

– Ciertamente, no. No tienes vínculos con ellos. Para sentir sus llamadas es necesario estar vinculado a ellos, tener las mismas vibraciones y haber permanecido mucho tiempo, como este hermano se quedó, con ellos. Si un grupo te llamara, simplemente no escucharías. No debes temer.

El miedo es para los que dudan.

El guardia de la torre estaba alerta, pero los del grupo gritaron desde la distancia durante treinta minutos. Habiendo fallado, decidieron irse.

– ¿Y si atacaban? – Preguntó Luíza preocupada.

– Tendríamos que defendernos con rayos eléctricos – respondió Guillermo con calma.

– ¿Lo que presenciamos aquí siempre pasa? – preguntó Ivo.

– Sí. A veces se resignan a perder a sus víctimas. Algunos, como estos, simplemente los llaman, otros nos atacan. Pero, una vez dentro, nadie se va si no quiere – respondió Guillermo.

Eran las once de la mañana, hora de partir. Nos despedimos felices, ya que regresaríamos al Puesto para estudiar el Umbral. Guillermo nos dio las gracias y Raimundo retribuyó los agradecimientos a nombre de todos. Salimos por la puerta y en línea. Caminamos hasta Caridad y Luz y luego tomamos el aerobús que nos llevaría de regreso a Colonia.

En el Umbral hacía frío, pero no nos dimos cuenta. Como dije, aprendimos a neutralizar la temperatura exterior. Pero me sentí un poco sofocada. Me quedé muy cerca de Flor Azul, que todavía estaba tranquilo. Confieso que el Umbral me da miedo. Leer o mirar películas es una cosa, pero allí, personalmente, es otra. Nada es bello o agradable. Regresamos sin problemas. Cuando llegamos al Refugio Caridad y Luz, fue un alivio. Simplemente nos detuvimos allí para tomar el aerobús. Estaba cansada y el transbordador llegó en un buen momento.

¡Qué lindo es estar en la Colonia! Llegamos de noche y fuimos directamente a nuestro alojamiento, donde comimos y descansamos. Me gustaba escribir todo lo que veía, y fue durante esas horas de descanso que lo hice. Después de escribir, dormí unas horas.

Al otro día, temprano, tuvimos la clase de conclusión. Las preguntas fueron muchas.

– ¿Los trabajadores de los Puestos reciben horas extra? ¿Y los samaritanos ganan más? – preguntó Cecilia.

– Es fácil de aprender. Estudié el tema en el curso de cómo alimentarse que tomé en la Colonia y lo transcribí en el libro Violetas en la Ventana; el desencarnado que no sabe neutralizar la temperatura exterior se siente frío y calor.

Raimundo fue elegido para responder:

– Las horas de trabajo se cuentan para todos. Se otorgan bonos por hora a aquellos que quieren y necesitan. En el trabajo que requiere más esfuerzo y gasta más energía, se duplican y a veces se triplican, como el de los samaritanos.

– ¿Son atacados los samaritanos? – Quería conocer a Gloria.

– Estos trabajadores son llamados de muchas maneras: misioneros, emisarios, etc. Son atacados muchas veces. Siempre salen de las regiones del Umbral y, a veces, permanecen en el Puesto solo durante horas. Es rara la excursión en la que no son atacados. Nuestros amigos no se sienten intimidados por esto. Tienen redes de protección y están siempre con lanzarayos, pequeños dispositivos de defensa. Son inteligentes y siempre les va bien, porque no están de humor para peleas y, por lo tanto, imponen respeto.

– ¡Son héroes! ¡Qué trabajo tan difícil! Los admiro ¿Tienen tiempo libre? – habló Marcela emocionada.

– Tienen tiempo libre y los pasan a su antojo, algunos vienen a la Colonia, algunos visitan amigos y otros se quedan en el Puesto.

– ¿Viajan a través del Umbral? – pregunté.

– Sí lo hacen. En cada excursión van a una parte del Umbral. Van a todas las cuevas, agujeros, valles, en resumen, en todas partes. Tienen experiencia y conocen todos los lugares del Umbral en esta región.

– ¿También van a las ciudades de Umbral? preguntó James.

– Sí, lo hacen. A veces solicitan autorización para recoger a algunos que desean ayuda. Otras veces, los habitantes de las ciudades del Umbral ven a los samaritanos ayudando a algunos hermanos. Cuando estos hermanos no están en el interés de quienes viven allí, los samaritanos trabajan sin problemas. Pero cuando quieren ayudar a alguien que interesa a los residentes del Umbral, los samaritanos entran sin ser vistos. Como en el caso del hombre torturado que vimos y que fue llamado por la pandilla, fuera de la pared.

– ¿Hay rescatistas alrededor del Umbral, en todo el mundo? – preguntó Cida.

– Sí, hay rescatistas que trabajan en el nombre de Jesús a través del Umbral de toda la Tierra, ayudando a todos los que sufren y claman por ayuda.

– ¿Estos rescatistas nunca fueran arrestados? ¿Los espíritus ignorantes que, como el Umbral, nunca arrestaran a algunos de ellos? – Preguntó Nair.

– No tenemos noticias de eventos de este tipo. En un ataque más grande, pueden cambiar la vibración y volverse invisibles para los demás.

Murmuré por lo bajo y Raimundo me dijo:

– Patricia, ¿quieres decir algo?

– Estoy pensando: No quisiera trabajar en un Puesto de Socorro en el Umbral, no creo que tenga las condiciones. Pero admiro a los que trabajan allí.

– Estas tareas requieren personas con mucho amor y caridad. Por lo tanto, debemos respetar a estos trabajadores y admirar lo que hacen.

Todos miramos a Joaquim, que estaba avergonzado: ¿a quienes vimos en las salas de los Puestos les lleva tiempo mejorar? – preguntó Cida con curiosidad.

– Depende mucho de cada uno. Hay hermanos que tardan años en mejorar, pero otros lo hacen en meses.

– ¿Hay algún rescatado a quien no le guste el Puesto? – preguntó Ivo.

– Sí, aunque los que son llevados allí quieren ayuda, porque casi siempre están cansados de sufrir Estos suelen ser agradecidos. No podemos aceptar hermanos que no estén arrepentidos y que no quieren ayuda, porque piensan que todo está mal.

Otros dicen que en los Puestos hay mucha disciplina y quieren irse. Algunos espíritus que no han sufrido lo suficiente y están alojados en Puestos de Socorro, a pedido de terceros o por equipos que trabajan en centros espíritas, a menudo no les gusta y no se quedan, regresan a sus hogares y deambulan.

– Yo – dijo Rosalia –, fui a la Vigilancia como una rescatada. Estoy agradecida a todos. Pero ver al Puesto como una aprendiz es diferente.

– Por supuesto. Estaba enferma, necesitada, conocía las partes en las que vivía. Ahora, fue a su encuentro como estudiante, y todo parecía diferente.

– Rosalia, ¿recuerdas algo de cuando estabas allí como rescatada? – preguntó Zé.

– Sí. ¿Cómo olvidar el sufrimiento? Era un trapo humano, era doloroso. El remordimiento es un fuego ardiente.

Como no hubo más preguntas, Raimundo dijo:

– Escriban un ensayo, escriban lo que vieran, lo que más les haya impresionado.

No es un trabajo obligatorio. Solo aquellos que quieran hacer el ensayo lo hacen. Aquellos que tienen dificultades para escribir y prefieren hablar contarán cómo se sintieron y qué les gustó. Algunos prefieren simplemente escuchar.

Quince leyeran lo que escribieran. Todos hablaran de los samaritanos. Intercambiamos ideas. Ivo y Luís dijeron que, después del curso, trabajarán en un Puesto en el Umbral.

Conocer estos Puestos, estos lugares de paz en medio del sufrimiento, fue gratificante. Son bendecidas casas de socorro. Son un refresco para los hermanos atormentados.

¡Qué bueno que haya lugares como esos lugares y cómo es maravilloso que en ellos existan trabajadores del bien!

6.– Desencarnación

Comenzamos la clase de teoría narrando nuestras propias desencarnaciones. Todos, de hecho, tienen una historia interesante que contar. Nadie tuvo la desencarnación de la misma manera, aunque es natural y para todos.

Narré la mía, en pocas palabras:

– Desencarné por aneurisma cerebral, no vi ni percibí nada; para mí fue como dormir y despertar entre amigos. Me adapté rápidamente, fui espírita, y este hecho me ayudó mucho.

– ¡Viniste con un diploma! – exclamó Ivo juguetonamente –. Sabías lo que te iba a pasar y lo que ibas a encontrar. ¡Eres muy inteligente!

– De hecho – respondí – ¡Quien tiene religión dentro y vive según el Evangelio es inteligente!

El Espiritismo bien entendido educa para la continuación de la vida.

– ¿Crees, Patricia, que, como eras espírita, tuviste y recibiste mucho aquí en el Plano Espiritual? – Preguntó Zé, refiriéndose también al hecho de que Flor Azul nos acompañara en las excursiones debido a mí.

– Zé, el Espiritismo me ha proporcionado un ambiente favorable para realizarme internamente.

Realmente seguí la Doctrina de Allan Kardec, viví el Evangelio de Jesús.

Doña Isaura suavemente interrumpió:

– Patricia encaja bien con una de las enseñanzas de *El Evangelio según el Espiritismo*, Capítulo XVIII – Muchos son llamados y pocos son elegidos. En el ítem doce, que nos dice: "Por lo tanto, se pedirá mucho a los espíritas, porque recibieron mucho, pero también a aquellos que supieron aprovechar las enseñanzas, se les dará mucho".

Zé narró su desencarnación:

– Mi desencarnación fue genial, es para morir de risa. Me morí de un susto. ¡De verdad! Estaba bien, al menos no sentía nada. Un día, un amigo y yo fuimos a dar un paseo. Al cruzar la línea del tren, el auto se detuvo, se averió y no arrancó. En eso se acercaba el tren. Mi amigo salió corriendo del auto. La desesperación me hizo quedarme quieto. Mi amigo me gritó que saliera, y como no lo hice, volvió y trató de hacer que el auto arrancara, hasta que lo logró, y se fue un segundo antes de que pasara el tren.

"'¡Qué susto, eh, Zé!'

"No hubo respuesta. Mi corazón simplemente se detuvo, haciéndome morir instantáneamente. De hecho, solo escuché hablar a mi amigo, luego perdí el conocimiento. Mi espíritu se quedó dormido. Desperté solo, estaba acostado cerca de la línea del tren. No sentí nada, Me levanté y me fui a casa. Una vez allí, me encontré con un llanto total. Entré y tuve otro susto. Me encontré en el ataúd. Me sentí mal y a nadie le importó. Confundido, estaba pensando: "¿Morí? ¿Me volví loco? ¿Estoy muerto?" Pero nadie me vio. Decidí clamar. En el momento de la opresión, como siempre, se recurre a Dios. Comencé a gritarle a Dios, pidiéndole perdón y ayuda. Me sentí conmocionado. "¡Cálmate, Zé, qué escándalo!" Fue mi madre quien falleció hace mucho tiempo. "Madre", grité, "¡ayúdame! ¿He muerto o estoy loco?" "Cálmate, hijo, trata de calmarte. ¿Eres un fantasma?" Pregunté con más calma. "No, soy tu madre, que te quiere mucho. No tengas miedo, te ayudaré". Mamá me llevó a un rincón de la casa donde no había nadie y regresó a la sala de estar, donde estaba el ataúd con mi cuerpo, para terminar de desconectarme. Dos amigos pasaron junto a mí y comentaron: 'Zé debe estarle contando chistes a San Pedro ". El otro respondió:" Murió de miedo, ¿Es esta una forma de morir? 'Chistes a San Pedro' – pensé – Estoy pasando por un tremendo problema'. Luego, un grupo de mujeres comenzó a rezar, me sentí mejor y más tranquilo, me dio sueño. '¡Vamos, Zé!' – dijo mamá Me acomodé en sus brazos y dormí. Me desperté y pensé que soñaba, pero luego me di cuenta de que todo era verdad. Siempre fui muy alegre y un católico que asistía a la iglesia. Acepté bien el hecho e intenté acostumbrarme a la nueva vida: pronto estaba trabajando y hoy tomo este curso para servir mejor."

– ¡Yo era ateo! – Comenzó Ivo –. Ateo convencido de que tenía razón. Pensé, cuando encarnado, que todo era por casualidad. Que Dios fue una personalidad inventada para aterrorizar a los ignorantes. No había nada más que la muerte del cuerpo. Me enfermé, una enfermedad grave que me abrumaba; entonces, a veces, me preguntaba: "¿Tengo razón?" Tenía miedo y pensé que la enfermedad era lo que me daba miedo. La idea del suicidio surgió, pero la rechacé, no era un cobarde, podía soportar el sufrimiento. Decidí esperar hasta el final.

No creer en nada es triste, no hay consuelo y, al pensar que hemos terminado, da una sensación de agonía.

"No me di cuenta de mi desencarnación. Continué actuando como una persona enferma en el hospital durante mucho tiempo, sintiendo el abandono de los miembros de mi familia. Luego, los espíritus juguetones me sacaron del hospital y me llevaron al cementerio. Sabía cómo rezar, el pequeño Evangelio que conocía no me vino a la mente, porque nunca le había prestado atención. Encarnado, me reía de las personas religiosas, pero no era malo. Si no hacía el bien, tampoco hacía el mal. Fui llevado a una ciudad del Umbral, como esclavo. Tuve que hacer ciertos tipos de trabajo para ellos. Años estuve así, hasta que entendí todo: la vida continúa después de la muerte del cuerpo y Dios existe. Cansado de sufrir, recurrí a este Dios en quien no creía, quien es nuestro Padre Amoroso.

La ayuda no llegó de inmediato, pero no me rendí, cada día, con más fe, pedí ayuda. Fui rescatado, llevado a un Puesto. Agradecido y con ganas de mejorar, me recuperé y me volví útil. Estuve mucho tiempo en el Puesto. Luego vine a la Colonia a trabajar. He cambiado la forma de trabajar muchas veces, para saber cómo es vivir aquí. Habiendo obtenido elogios por mi trabajo, porque nunca fui flojo, y el trabajo forzado como esclavo es muy doloroso, pero uno aprende a trabajar, así que pedí estudiar.

Creo que, si conozco este maravilloso mundo, puedo establecer mi fe y ser útil con mayor seguridad.

Desencarné hace cuarenta y cinco años, veinticinco años sufrí vagando y en el Umbral. Veinticinco años es mucho, pero fue justo. Quien no cree todo, solo se despierta por el sufrimiento."

Ivo – preguntó Luíza –, si hubieras sido malo, ¿sufrirías más?

– Ciertamente sí, creo que más y por más tiempo.

Teresita habló de su desencarnación. Ella es tranquila, de voz suave, muy amigable:

– Era muy religiosa, me encantaba rezar, pero desafortunadamente la religión no me enseñó lo que sería la muerte. Tuve un cáncer generalizado, lo que me causó mucho sufrimiento.

Entonces me preguntaba a mí misma: "¿Por qué sufro tanto? ¿Dios es injusto conmigo?" Traté de fortalecerme en la fe, pero no entendí, y la fe sin razón es difícil de mantener. Desencarné y me llevaran a un Puesto. Mejoré pronto, pero pensé que todavía estaba encarnada y sanando. Cuando me dijeron que estaba desencarnada, no lo creía; luego, al pensar y analizar, estaba terriblemente decepcionada de no ser como pensaba y me volví apática. No quería nada, no quería escuchar a nadie y volví a pensar: "¿De qué servía haber sido bueno y devota? ¿Dios era justo conmigo?" Los supervisores del Puesto me llevaran a una reunión espírita. En el Centro, vi a muchos mutilados y sufriendo y escuché al orientador: "¿Ves lo bueno que era ser buena y devota? Observe que muchos, con sus cuerpos muertos, no tenían una cura como usted, no fueran llevados a un Puesto de Socorro." Estaba mirando todo con curiosidad, no me incorporé, solo escuché y regresé de manera diferente. Muchas veces fui a reuniones y, junto con los orientadores, fui a conocer el Umbral. Mejoré, salí de la apatía y supe que mi desencarnación con el sufrimiento era para resolver los errores del pasado.

El mundo espiritual me fascinó y me convertí en ayudante; hoy tengo la gracia de aprender a servir más sabiamente.

Ilda, con sencillez, narró su desencarnación:

– Estaba feliz, casada con el hombre que amaba, y mi casa era un sueño. Cuando quedé embarazada me sentí la mujer más feliz. Mi parto se complicó y desencarné después de tener una niña. Fui rescatada y llevada, después de la muerte de mi cuerpo, a un Puesto de Socorro. Cómo sufrí. Intenté no rebelarme. Sentí el llanto de mis padres y mi esposo. Dejar todo, cuando eres feliz, no es fácil; solo si tenemos comprensión, como Patricia, que también estaba feliz y siguió siéndolo. Mis padres se llevaran a la niña, a mi hija, para criarla, y mi esposo regresó a la casa de sus padres. Los extrañé mucho, quería cuidar, acariciar, tomar y amamantar a mi hija. ¡Quería estar encarnada! Solo pensando en ellos, no le presté atención a nada más. Tuve que ser adoctrinada, a través de una incorporación, en un Centro Espírita, y tener un tratamiento con un psicólogo aquí. Poco a poco me acostumbré. Mi esposo se ha vuelto a casar y tiene otros hijos. Mi hija ya es una adolescente.

Ahora me encanta vivir aquí, pero no fue fácil. Todo lo que pasé fue un proceso de aprendizaje difícil pero necesario para mi espíritu.

La desencarnación es el nacimiento del espíritu en el mundo espiritual. Tuvimos una clase de anatomía. Estudiamos los puntos fuertes y vimos en las películas cómo desconectar el periespíritu del cadáver. Los equipos de rescate que realizan este desligamiento generalmente se reúnen en grupos de tres a cuatro rescatadores. Para trabajar en este proceso, hacen un largo estudio y capacitación, y solo pueden hacer la desconexión inmediata de unas pocas personas. Entonces, no hay muchos en estas tareas. Vimos su trabajo en películas, cuando hicieron varios desligamientos.

Después de ese curso, cualquiera de nosotros podría desligar a alguien después de que su cuerpo muriera, pero no deberíamos hacerlo sin un orden superior. ¡Es bueno saber! ¡Saber es poder hacer!

La desconexión se realiza de varias maneras, puede ser minutos después de la muerte del cuerpo, unos días o meses. Esto depende del mérito del desencarnado.

Estudiamos mucho la parte del cuerpo humano y, usando muñecas, vimos cómo se realiza el desligamiento.

Estas muñecas son copias fieles del cuerpo humano y del periespíritu.

Entendimos perfectamente cómo funciona el cuerpo físico, qué le sucede y cómo se desintegra.

Me impresionó ver, en películas, la desconexión de las personas que se suicidan. Esta se realiza siempre mucho tiempo después de la desencarnación. ¡Qué triste! Es la peor desencarnación, aunque cada caso es diferente. Pero aquellos que practican este crimen contra ellos mismos sufren mucho.

La clase teórica fue muy buena y estaba esperando la clase práctica.

7.– Desligamiento

Las clases prácticas fueron realmente muy importantes. Flor Azul se unió a nosotros, como siempre, muy amable y trabajó duro. Primero, fuimos a hospitales de la región. Por mucho que estudiemos, ver la tarea en persona es diferente, porque, a veces, entran la emoción y la piedad. Además, porque es con la desencarnación que encontramos a los amigos o enemigos que hicimos cuando encarnamos. Primero vimos la desencarnación de un hombre al que el equipo de rescate vino a desligar. Muchos amigos y familiares lo esperaban.

Se desencarnó con calma. Fue hermoso, pero poco después vimos la desencarnación de otro hombre, que muchos obsesores esperaban. Oramos por él, pero no pudimos evitar que los obsesores lo desligasen y se lo llevaran, ciertamente, al Umbral.

Doña Isaura aprovechó la oportunidad para dilucidarnos:

– Estamos aquí para un aprendizaje, ayudando a todos los que tenían derecho a una ayuda desde el bien. No podemos interferir con la cosecha de nadie. Este caballero vibró con los inferiores y no con nosotros; toda su vida ha estado en sintonía con ellos, con estos hermanos oscuros, y ahora solo puede tener la compañía que él mismo eligió. Al cometer errores, estamos vibrando con los equivocados. Este caballero necesita sufrir, aprender. El sufrimiento es la medicina que necesita.

Vimos muchas desencarnaciones. En los grandes hospitales hay muchas. Ayudamos a los rescatistas a desligar a muchos de ellos.

A dónde íbamos, nos presentaríamos, al llegar, a los encargados del lugar. Siempre hemos sido bien recibidos y hemos estado en muchos hospitales.

Los desligamientos infantiles son rápidos. Por lo general, cuando están a punto de morir, un equipo de rescatadores ya está cerca, y siempre los llevan a un Puesto de Socorro.

Me impresioné porque los niños siempre me conmueven, pero es más fácil, normalmente no están tan apegados a la materia como los adultos.

Luego, estábamos de servicio en las carreteras más transitadas. En las grandes autopistas, hay, en ciertos puntos, pequeños Puestos de Socorro y, en el accidente más simple, se activa un dispositivo que indica la ubicación y la gravedad. El equipo de rescate llega, incluso antes del rescate material. Los trabajadores nos recibieron con alegría. Esperaba que no hubiera accidente, pero hubo varios. Los Puestos de Socorro en las carreteras siempre están en contacto, por lo que cuando ocurrió un accidente, nos lo comunicaron al instante e inmediatamente fuimos a la escena. No es agradable ver a personas lastimadas y adoloridas. Ayudamos tanto a los heridos como a los desencarnados. El desligamiento en accidentes a veces es violento, ya que el cuerpo muere y el periespíritu se apaga instantáneamente. Llevamos muchos espíritus al Puesto de Socorro de la carretera. Allí reciben primeros auxilios, luego son llevados a otros Puestos de Socorro.

A menudo, solo se realiza el desligamiento sin ayudar al espíritu. Hay desligamientos que toman poco tiempo. Otros se hacen gradualmente, tomando horas.

Después de muchas horas en las carreteras, donde vimos muchos accidentes con muertes y muchas lesiones, fuimos al cementerio.

– Aquí hay muchos apegados al cuerpo físico, nuestro trabajo de aprendizaje consiste en ayudar, desligar a todos los que podamos.

Hubo muchos que gruñeron junto a los cuerpos podridos; otros dormían en pesadillas. Los trabajadores del equipo de rescate del cementerio vinieron a recibirnos:

– ¡Bienvenidos, grupo de estudiantes! Estamos muy agradecidos por su presencia. Cada vez que vienen aquí, logran ayudar a muchos hermanos que no sabían cómo desencarnarse y sufren.

A los espíritus vagabundos, alborotadores, les gusta pasear por los cementerios, meterse con los que sufren y reírse de los que piensan que están encarnados. Teníamos recomendaciones para ignorarlos. Durante nuestro trabajo, nos observaron, incluso se burlaron de nosotros, pero sin acercarse.

En el cementerio, había muchos vinculados al cadáver.

– ¡Hay tantos! – exclamó Zé – Apuesto a que podemos llevar la mitad al rescate. Apuesto a que solo habrá diez – dijo Luís.

– Se quedan tres – dije.

El grupo está feliz, uno no puede bajar la vibración con tristeza y lástima sin ayuda. Hablamos por diversión.

Deseamos que nadie se quedara sin ayuda. Repito que solo podíamos ayudar a quienes pedían con humildad, sinceridad y a quienes necesitaban ayuda, pero no a los rebeldes que blasfemaban. Estos son muy necesitados, pero es inútil llevarlos a un Puesto, porque no aceptan y solo traen problemas al lugar donde los llevan.

Y nos fuimos, todos emocionados, tratando de hablar con ellos. ¡No es fácil!

En los que dormían les dimos pases, mentalizando nuestras fortalezas para ver si podíamos despertarlos, calmarlos y hacerlos pensar en Jesús, en Dios.

Tres de los que dormían se despertaron aterrorizados y, tan pronto como los desligamos, huyeran. Ciertamente, serían rescatados más tarde. Los que gemían estaban perturbados por el dolor y el horror de estar allí. Les dimos el pase y les pedimos que mantuvieran la calma. Pudimos desligar a muchos, ayudándolos y llevándolos al Puesto de Socorro. En casi todos los cementerios hay un pequeño Puestos, hacia donde los socorristas llevan a los rescatados, por poco tiempo.

Algunos repelen nuestra ayuda, incluso nos maldicen. No pudimos hacerles nada.

Para mí, este trabajo es delicado, y admiro a quienes lo hacen. No es fácil ver muchas penas. El deseo que me dio fue ayudar a todos, pero no es posible y, por lo tanto, muchos quedaron atrapados allí en sus cuerpos en descomposición. Pero nuestro trabajo valió la pena, porque los pocos que ayudamos nos llenaron de alegría.

Admiro a los socorristas de los cementerios.

Casi todos viven en el pequeño Puesto, trabajan duro, tienen poco descanso y están felices. Aman lo que hacen.

– Pensé que me iba a ensuciar al tratar con tantos hermanos sucios, algunos incluso pudriéndose – dijo Luíza con sinceridad

Frederico respondió:

– No, Luíza, no nos ensuciamos. Entonces, sabemos moldear la limpieza, limpiándonos por el poder de la mente. De hecho, la mayoría de los hermanos que sufren aquí están sucios, pero debemos ver a los hermanos que sufren y pensar que quizás podríamos ser uno de ellos. La suciedad externa no es obstáculo para ayudar.

Fuimos a ver algunos funerales. Siempre una nube gris de tristeza y agonía se cierne sobre el lugar.

Vimos algunos en los que solo vigilaban el cuerpo, con el espíritu ya desligado, ausente.

Pero en algunos funerales el espíritu estaba allí, confundido. En otros, dormían cerca del cuerpo. Lo que se interpone en el camino en estos lugares es el llanto. ¡Qué bueno sería si todos entendieran la desencarnación tal como es y aceptan esta ausencia física, ayudando a los desencarnados con pensamientos de afecto, orando con fe, ayudando a desligarse en su viaje al plano espiritual!

Raimundo fue con Joaquim para tratar, en otro lugar, un caso particular. Tendríamos dos horas para permanecer en la corteza y hacer lo que quisiéramos. Casi todos siguieron a doña Isaura, que quería regresar al cementerio. Era de noche, invité a la clase a venir a mi hogar terrenal. Algunos aceptaron, Frederico nos acompañó. Éramos siete.

Entramos en la casa y nos instalamos en la sala de televisión. Siempre me emociono cuando entro en mi antigua casa. Es muy agradable sentir los fluidos de los miembros de la familia, el calor humano, el afecto con el que me recuerdan.

Empezamos a hablar. Mi familia dormía.

La conversación tomó otro giro, Zé terminó haciendo un ruido físico en la televisión. Nos callamos en el acto. Mis padres se despertaron y vinieron a ver qué había hecho ruido. Al no ver nada, pronto volvieron a dormir. Zé, en serio, nos habló:

– Respetan la casa de Patricia, sus fantasmas de menor importancia. Fue solo una broma.

Zé suele decir que no somos tan resbaladizos ni tan importantes. Somos solo medio...

Frederico explicó que era posible hacer el ruido, porque había alguien sensible en casa y porque estábamos distraídos hablando. Le pidió cortésmente a Zé que no hiciera más este tipo de bromas. Él entendió y se disculpó.

A la hora acordada, tomamos el aerobús, que estaba en un Puesto de Socorro, y regresamos a la Colonia. En la clase final, todos queríamos hablar. Los primeros en responder al cementerio fueron nuestros héroes.

– Tenía deseos de desligar a todos los que vi, aun conectados al cadáver – dijo Teresita. ¿No podríamos haber hecho eso?

– Si hubiéramos desligado a todos, no habríamos actuado sabiamente – respondió doña Isaura –. Cuando hacemos algo prematuramente, casi siempre daña a los rescatados. Todos los pacientes necesitan la medicación correcta.

– También vimos a miembros de la familia desligando a sus seres queridos, sin la presencia de rescatistas. No pensé que fuera posible – dijo Marcela.

– Ahora lo saben, y tal vez puedan hacer, siempre que tengan permiso. Ustedes ya vieran a los miembros de la familia desligar a sus seres queridos, pero solo aquellos que ya podían recibir ayuda; los demás, es decir, los que no tienen mérito, los familiares no pueden ayudar.

– También vimos a los obsesores desligar a ese hombre. Pensé que solo los buenos lo sabían – dijo Luís

– Saber no es solo el privilegio de las buenas personas. Los malos lo saben y más. Sí, desligan, lo hacen con compañeros y con los que odian.

– ¿Pueden los espíritus malignos hacer que una persona desencarne? – Ivo preguntó.

– No. Ni un espíritu malo ni bueno puede hacerlo. Solo pueden desligar. Y desligan cuando el cuerpo ya está muerto. La muerte del cuerpo sigue la ley natural. Un encarnado puede matar a otro encarnado. Pero el desencarnado no puede matar el cuerpo de un encarnado. Tanto los buenos como los malos tienen que esperar a que el cuerpo físico muera para desligar el periespíritu.

– Ya nos desencarnamos tantas veces, y cada vez parece fenomenal. ¿Por qué sucede esto? – preguntó Gloria.

– Falta de educación sobre la desencarnación, falta de cierta comprensión. Entre los encarnados, es el Espiritismo el que da la comprensión de la desencarnación. Uno tampoco siempre vive encarnado como debería, con la conciencia tranquila, y la muerte, la cual es desconocida para muchos, y por lo tanto, termina causando pánico.

– ¿Hay alguien que conozca bien la desencarnación y pueda desligarse solo? – pregunté

– Estos son casos raros, pero lo hacen. Quién sabe, lo hace.

Estaba doblemente feliz, pensaba en mi familia; ciertamente, si continuaban estudiando como lo hacen, no quedarían atados al cadáver. Además, ahora que lo sabía, aprendí a ayudar.

¡La desencarnación fue realmente un tema interesante!

8.– Reencarnación

En la clase teórica, obtuvimos conocimientos sobre anatomía, estudiábamos el cuerpo humano. Luego vimos, a través de películas, muchas reencarnaciones. Fuimos testigos del nacimiento de gemelos, observando cómo dos o más espíritus se preparan para reencarnar juntos. Y también cómo es el proceso de olvidar el pasado. Todos tenemos un nuevo comienzo en la reencarnación. No queremos comenzar de nuevo recordando el pasado. Tenemos la bendición de olvidar nuestros errores, para que en el nuevo cuerpo podamos comenzar de nuevo sin el dolor del remordimiento.

– ¿Es útil recordar el pasado, otras existencias? – Preguntó Teresita.

– Cuando están desencarnados, solo lo recuerdan aquellos que son aptos para esto y si les es útil. En el caso de los encarnados, solo en algunos casos. Es perjudicial recordar por curiosidad. A veces recordar es terapia, como en las personas con tendencia al suicidio. Quizás sabiendo un poco de lo que sufrió cuando se suicidó en el pasado, luchará contra esta tendencia e intentará superarla. Algunas personas con trauma alivian sus problemas con la memoria. Cuando uno recuerda por sí mismo es porque está lo suficientemente maduro para eso. Por el contrario, cuando espíritus inmaduros obtienen muchos recuerdos, enloquecen – respondió Raimundo.

– Cuando encarnado, vi personas locas, que tenían dos personalidades, ¿eso es porque recordaban el pasado? – Ivo preguntó.

– Cada caso debe ser analizado para hacer el diagnóstico. Pero puede ser que, recordar sin la preparación adecuada, el cerebro físico se enferma, confundiendo todo. Sé de obsesores que, al ver que el encarnado tiene una tendencia a la locura, lo obligan a recordar el pasado y, por lo tanto, enferma. ¡Olvidar es una bendición!

– Pero nos quedan hechos del pasado, miedos, afectos y desafectos, ¿verdad? Siempre, cuando se encarna, se tiene la sensación de conocer lugares o personas – dijo Rosalia.

– Todos olvidamos el pasado para reencarnar, pero la impresión de los eventos más notables permanece en muchos. Por eso sentimos esas sensaciones.

Muchos hechos interesantes han sido narrados. Hay grupos que están en sintonía con una gran familia espiritual y siempre buscan reencarnarse juntos, ayudándose mutuamente. También hay reencarnación en un intento de reconciliar espíritus, aunque esto no siempre se logra. Conocemos muchos casos, miembros de la familia que se odian y a veces incluso se matan entre ellos.

Joaquim narró su historia:

– Otro espíritu y yo éramos enemigos por siglos. Entonces reencarnamos como hermanos en mi última existencia, para que aprendiéramos a amar. Desde pequeños peleábamos, odiándonos. En una de estas peleas, me golpeó con un cuchillo, estuve gravemente herido y llegué a desencarnar días después. Me alegro de que se arrepintiera, pidiendo perdón, y lo perdoné de corazón. Todavía está encarnado y sinceramente arrepentido. Pero ha habido tantas ofensas entre nosotros, que tendremos que estar juntos nuevamente para unir lazos de afecto.

– ¿Podrán pelear de nuevo? – preguntó Cecilia. Joaquim respondió:

– Espero que no. He estado intentando aprender: trabajo en el Puesto, en el Umbral, en medio de mucho sufrimiento para darme cuenta de lo bueno. Amar a todos como yo.

Fuimos al Departamento de Reencarnación de la Colonia. Es un edificio muy bonito, rodeado de jardines. El edificio de tres pisos es solo para el Departamento. Innumerables personas trabajan allí. Su decoración es sencilla, a base de pintura beige clara. Tiene muchas oficinas. Primero nos quedamos en el vestíbulo, había varias personas preparándose para la reencarnación. Nos mezclamos con ellos, conversando para aprender sobre sus problemas y lo que querían.

Me acerqué a dos señoras, me presenté. La mayor dijo:

– Estoy aquí para pedir una reencarnación. Mi bisnieta, un espíritu muy querido, quiere quedar embarazada, espero ser ese bebé. Confío en ella y sé que ella me educará bien.

– Me preocupo – dijo la otra señora. Quiero reencarnar para olvidar. Cometí muchos errores en mi existencia pasada y, aunque trato de no sufrir por ellos, no puedo, el remordimiento me persigue. Pedí olvidar, con la bendición de la reencarnación. Pero abusé de las adicciones, con bebidas alcohólicas y tabaco, dañando mi cuerpo sano. Ahora, cuando encarne, tendré algunas enfermedades que me mantendrán alejado de tales adicciones.

Estaba pensando en lo que escuché. Busqué a Frederico y pregunté: Frederico, ¿es posible que suceda lo que esa señora me dijo? – Y le conté el hecho.

– Patricia, somos lo que construimos en el pasado y seremos en el futuro lo que construimos en el presente. Esta señora no pudo educarse a sí misma. Reencarnándose de esta manera, podrá transmitir al cuerpo físico lo que piensa.

Me mezclé con los demás otra vez. Me acerqué a un hombre y una mujer todavía jóvenes. Ella nos dijo:

– Me gusta mucho la persona que será mi padre. Pero no me gusta cómo será mi madre. Sé que ella no tiene simpatía por mí.

– ¿No aprendiste a amarla? – pregunté

– Bueno, no es fácil. Ella es muy aburrida. De nuevo fui a preguntarle a Frederico.

– Ahora, Patricia, todos los que estamos en la lista de reencarnación tenemos defectos que vencer y virtudes que adquirir. No es porque van a reencarnar que significa que sean santos o que aprendieron todo en un manual sobre el buen vivir. Si fueran perfectos, la Tierra no estaría en este desastre que vemos.

El hecho es que esta preparación es para unos pocos. Como también hay pocos que pueden elegir los países, cómo serán, etc. Esta preparación solo es posible para aquellos que trabajan, se encuentran en las Colonias y en los Puestos de Socorro.

Hay muchas salas en el Departamento. La sala de pedidos es muy popular. Es donde se hacen las solicitudes para reencarnar. Las personas que trabajan en el Departamento están capacitadas y tienen experiencia. Tienen tareas en el

Departamento y en la Tierra, monitoreando reencarnaciones y ayudando a crear conciencia.

Está la sala de moldes, donde se estudian las formas del cuerpo que tendrán las futuras reencarnaciones. Es muy bonita; vimos algunos moldes de cuerpos perfectos, que tendrían enfermedades después de cierta edad, etc. Los técnicos son preparados, estudiosos y les gusta lo que hacen. Estos moldes están hechos de esta manera: el espíritu que quiere reencarnar va allí y pide ser moldeado. En función de la apariencia física de los padres, los técnicos dibujan el modelo, teniendo en cuenta las solicitudes de reencarnación, como enfermedades, detalles, etc. Cuando se reencarnan y su periespíritu se encoge para conectarse con el feto, todo se hace en base a este molde. El molde está hecho para el feto, pero se sabe cómo se verá como un adulto. No todos los que reencarnan hacen uso de esta sala. Pocos pueden elegir el cuerpo que tendrán. Estos pocos son los casos, en los que hay problemas particulares, en los que los estudiosos del Departamento piden que se hagan, y los casos de espíritus con mucho mérito.

También está la sala de espera, donde están los candidatos a la reencarnación que piden ser reencarnados y esperan su turno.

Aprendí mucho hablando con la gente. Y me di cuenta de que no piensan de la misma manera. A muchos les gusta la vida encarnada y pidieron una nueva oportunidad en el cuerpo. Otros querían la reencarnación porque era necesario, pero amaban la vida espiritualmente. En algunos de ellos el miedo estaba presente, temían perderse en la materia. Saben que la encarnación engaña a muchos y que el camino de las comodidades es más agradable. Saben que crecer espiritualmente no es fácil.

Hablamos mucho, animamos a todos. Reencarnar es morir para el mundo espiritual.

La clase práctica fue genial, al menos no vimos llantos. El nacimiento es casi siempre una causa de alegría

Flor Azul se unió a nosotros. Le pregunté

– ¿Cómo va el trabajo en el Centro Espírita?

– Muy bien. Hemos tenido muchas actividades últimamente. Pensé: "Pobre chico, tanto trabajo y él aquí conmigo."

Olvidé que podía leer mis pensamientos. Él respondió con calma:

– Sí, hay mucho trabajo, pero el mío es esto ahora y lo hago con amor. Pobre es el que no le gusta lo que hace.

Saber que confían en mí para protegerte es un regalo que recibo.

Sonreí y también pensé: "Tengo mucho que aprender, vivir sin dar 'lata' en el plano espiritual".

Viviendo en el Mundo de los Espíritus

Primero fuimos a ver la reunión de padres con sus futuros hijos.

Los trabajadores del Departamento llevan al espíritu; es decir, al candidato a la reencarnación, a la casa de sus padres o madre.

Sacan a los encarnados del cuerpo mientras duermen. En su mayoría son encuentros felices. Solo hay dificultades cuando se da la reencarnación y la reconciliación puesto que los encarnados no quieren aceptar a sus enemigos como hijos.

Es emocionante ver a espíritus de ideas afines reunirse nuevamente. Nos conmueve ver una reunión entre un futuro padre e hijo.

Dos espíritus amigos durante siglos.

También vimos espíritus unidos a los fetos. El espíritu reencarnado se queda con la madre, unidos. ¡Es tan lindo!

¡Qué maravillosa es la maternidad!

Fuimos testigos de una reencarnación frustrada, que no funcionó. La mujer embarazada cayó enferma, dañó al feto y él murió.

– ¿Y ahora? – Cecilia quería saberlo. ¿Qué va a pasar?

– Aprovechamos para ayudar a la madre – dijo Frederico –. Este espíritu será llevado de vuelta al Departamento e intentará nuevamente.

– ¿Con esta misma familia? – Ivo preguntó.

– Todo indica que sí, porque hay afectos, pero si no es posible, elegirá otra familia.

También observamos a una madre que llegaba al hospital luego de provocar el aborto y que estaba sangrando mucho. El reencarnado estaba pegado a ella. Los técnicos lo sacaron de la mujer y lo llevaron al Departamento, a un lugar específico.

Lo que nos gustó ver fueron las entregas y ayudar. Qué lindo es ver nacer un bebé. El nacimiento es una fiesta para la mayoría de los encarnados. Ver a los padres felices con sus hijos es alegría para todos nosotros.

Pero hay reencarnaciones que no funcionan, y la desencarnación del niño ocurre poco después. Esto sucede por muchas razones, y el espíritu siempre es llevado de regreso al Departamento. Allí, planean reencarnarse nuevamente o regresar a su aspecto anterior a su frustrada reencarnación. Esto queda como aprendizaje.

Vimos a una madre que entregó a su hijo, sin querer verlo. Escuchamos que el reencarnado era su enemigo, y que ella se rehusaba a tenerlo. Nuevamente fuimos al aula para la conclusión. Este tema, aunque fascinante, no fue intenso. Las preguntas fueron pocas.

– ¿Cómo se siente el espíritu después de un aborto?

– Si el aborto fue natural, es decir, algo no funcionó y el feto murió, el reencarnado siente pena de que no funcionó, lo intenta nuevamente, a veces con los mismos padres; Si no es posible, elige otros. No sienten dolor, nada, es como si vas a dar un salto, intentarlo y no funciona, entonces queda prepararse e intentarlo de nuevo. En el aborto inducido, el espíritu no siente dolor, pero siente repulsión, rechazo. Generalmente, es rescatado y llevado al Departamento. Pero hay casos en los que el reencarnado se rebela y no puede ser socorrido, entonces retoma la forma anterior y se convierte en un obsesor de los padres o de la madre.

– ¿Podría haber algún accidente imprevisto en la reencarnación? – Ivo preguntó.

– Sí, vimos un aborto natural, en el cual, desafortunadamente, la madre se enfermó y el feto murió.

– Me pareció muy interesante el caso que vimos del padre que quería la reencarnación para su hijo, y la madre, no – comentó Cecília.

– De hecho – respondió Frederico –, esto es común: un cónyuge quiere un espíritu para un hijo, y el otro no. Los técnicos siempre intentan conciliar a ambas partes.

– ¿Todas las madres que entregan a sus hijos lo hacen porque eran sus enemigos? – Luís preguntó.

– No, a menudo lo hacen por necesidad, a veces porque no quieren responsabilidad. También sucede, como el caso que vimos, que son enemigos, y la madre no lo quiere.

Hay otros tipos de reencarnación: aquellos que no son asistidos por espíritus protectores del bien. No vimos estos casos en el curso. Ahora no me corresponde a mí entrar en esos detalles, porque todavía no estoy al tanto del tema.

Lo pensé bien, no quiero reencarnar pronto. ¡Amo tanto la vida en el plano espiritual! Sin embargo, sé que algún día tendré que hacerlo nuevamente. Ahora entendí lo que un caballero del Departamento me dijo:

– Ahora, si todos entendieran cómo es la vida cuando están encarnados, ¡llorarían en la reencarnación y no en la desencarnación!

9.– Causa y Efecto

La clase teórica sobre causa y efecto, o causas de sufrimiento, estaba muy ocupada. Todos tenían ejemplos e historias que contar.

Frederico abrió la clase haciendo una hermosa disertación:

– Somos herencia de nosotros mismos. Somos lo que construimos. Si queremos mejorar, tenemos que hacerlo ahora, en el presente. En esta lección, veremos a personas que sufren, sienten el efecto y estudiaremos la causa. Toda causa tiene un efecto. Buenas causas, buenos efectos; malas causas, efectos negativos. En la Tierra, pocos llegan a la universidad. Para una minoría, el karma negativo es anulado por la transformación interna, trabajando por el bien, reparando errores y cometiendo errores. Lo está haciendo por el sufrimiento. Pero para la mayoría, el dolor elimina el karma negativo.

Lo que se hace, se paga, es lo que casi todos piensan y debe ser así hasta la madurez, para que el espíritu lo entienda.

Para rescatar errores, repararlos, se necesita mucha sinceridad. Dejar lo que tienes que hacer para el futuro es posponer; un aplazamiento que no siempre es posible, ya que a la larga el abuso tendría peores consecuencias. Es importante crecer con comprensión. Todos tenemos la oportunidad de crecer a través del amor; si lo perdemos, el dolor, sabio compañero, viene a impulsarnos. Reparar errores a través del amor, a través de la transformación interna, es el tema de las Colonias de Estudio, para aquellos que desean continuar aprendiendo. Entonces, aquellos que estén interesados pueden, después del curso, continuar estudiando, profundizando en el tema.

"Cuando estaba encarnado, cometí muchos errores, pero entendí el error, y esta comprensión me hizo trabajar en la Medicina con mucho amor." Utilicé mi conocimiento médico para el bien de todos los que vinieron a mí. Cambié el rescate del sufrimiento por el trabajo en nombre de los demás y por mi transformación interior."

En mi última visita a Terra, conocí a Patricia. Ella vivió encarnada en su penúltima encarnación. Esta amiga cometió un error, sufrió y pidió ser reencarnado. Planeaba desencarnar joven después de una larga enfermedad. Pero ese no fue el caso. Regresó joven al plano espiritual, pero no estaba enfermo. Su experiencia de bondad, su modificación y realización interna anularon el karma negativo, y no necesitaba sufrir enfermedades para adaptarse. Modificado el efecto, esto es posible, pero debe ser realmente sincero, y este cambio, esta realización, debe ser verdadera."

Mientras Frederico hablaba, sentí que era verdad, sentía que estaría enferma por mucho tiempo, siempre empeorando. Este sufrimiento sería una reacción, pero se había modificado. No tuve que sufrir para vencer.

Frederico continuó explicando:

– El cuerpo periespiritual y el cuerpo material forman una composición armoniosa de energías. Cuando actuamos egoístamente, desequilibramos esta composición vibrante en el espíritu y en el cuerpo. Luego hay descomposición o enfermedad. Al ver el error, el espíritu quiere repararlo y, para eso, tiene que cambiar su forma de vida, no externamente, sino con una comprensión profunda. El dolor, cuando se entiende, transforma al individuo en su forma de actuar. Pero si no comprende, el dolor puede inducirlo a rebelarse, y puede haber una mayor acumulación de desequilibrio o deuda.

Frederico hizo una pausa; todos prestábamos atención a la exposición que desarrollaba. Con sabiduría completó:

– Las reacciones, los efectos, pueden ser tanto para la felicidad como para el sufrimiento. Una persona que vivió en la bondad pronto debe desencarnar una reacción de ayuda, de felicidad en el plano espiritual.

"Los efectos del bien, que traen paz y armonía, no necesitan ser modificados. Los que sufren, por otro lado, pueden, por libre albedrío y voluntad, atenuarlo o anularlo. Pero nuestro estudio trata sobre los efectos del dolor, del sufrimiento."

Todos pudimos hablar, dar opiniones y contar nuestra propia historia. Murilo fue el primero:

– Cuando estaba encarnado, mi brazo y mi mano derecha siempre tenían heridas. Cuando se secaron, dejaron mi brazo negro. Dolía mucho. Sufrí con eso, desde niño hasta mi desencarnación. Fue solo después de algún tiempo desde que fui rescatado e, ingresado en un hospital en la Colonia, que me curé. No hace mucho tiempo pude saber la razón de mi enfermedad, que nada ni nadie pudo curarla. En mi otra existencia yo fui un coronel orgulloso y azoté sa varios esclavos negros por ser flojos. Desencarné, sufrí mucho y culpé al brazo y la mano que sostenían el látigo.

Reencarné sintiéndome culpable y una enfermedad vino a quemar los fluidos negativos que yo mismo generaba a través del remordimiento.

Lauro también contó su historia:

– Encarnado, desde pequeño tuve asma; a lo largo de mi existencia tuve varias crisis, que me aquejaran mucho y sufrí.

Era pobre, mis padres desencarnaron y tuve que trabajar para mantenerme, ya que mis hermanos, igualmente pobres, no podían cuidarme o mantenerme. Las crisis me hicieran perder el trabajo y a menudo me despedían. Me faltaba mucho el aliento; cuando estaba muy enfermo, me ingresaran en hospitales, y fue en una de esas veces que desencarné, siendo enterrado como indigente. Pero me resigné, sentí que mi sufrimiento era merecido. Muchas veces lloraba, pero no me rebelaba. Desencarné y fui socorrido, porque todos los que sufren con resignación, como yo, tienen la bendición de una ayuda en caso que la persona haya sido buena. Tuve que quedarme en un hospital para tener entender la enfermedad que me estaba afectando. Hace algún tiempo me enteré de que fui un suicida en mi existencia anterior. Por una tonta razón, dañé mi cuerpo perfecto, destruyéndolo imprudentemente. Me suicidé por un amor no correspondido. Me arrojé a un río profundo, muriendo ahogado.

Lauro se conmovió al narrar. Doña Isaura aprovechó la oportunidad para dar algunas aclaraciones:

– No todas las reacciones, efectos, tienen causas similares. No todas las personas con asma actuaron como Lauro. Las razones son muchas para tener una existencia con dificultad para respirar.

Laís también quería hablar:

– Encarnado, estaba casada con una buena persona. Intenté todo para tener hijos y no pude. Viví frustrada y ansiosa por ser madre. Después de un tiempo desencarnada, queriendo saber por qué no tuve hijos, supe que en la existencia anterior tuve muchos abortos, solo porque no quería deformar mi cuerpo. Mi compañero también era el mismo en aquella existencia y me animó a tener un aborto.

– Laís – preguntó Nair –, ¿pagaste el karma negativo que generaste? ¿Te sientes en paz a respecto a eso?

– Sufrí y aprendí a través del dolor a valorar la maternidad. Pero podría haber adoptado niños huérfanos. Si hubiera hecho eso, habría cancelado por amor el efecto negativo que creé. Quizás, en esta misma encarnación, tendría hijos.

Cuando amamos a los niños de otras personas como los nuestros, estamos cambiando la reacción. Lamentablemente no sabía cómo hacer eso.

Yo era egoísta

James narró lo que le sucedió:

– Cuando tenía cuarenta años, quedé sordo. Es muy triste no escuchar nada. Treinta años no escuché ningún sonido. También sufrí un derrame cerebral que me postró en cama durante años. Tuve muchos hijos, pero solo una hija me cuidó. En esta encarnación fui bueno, honesto y trabajador. Creo, o estoy seguro, que sufrí los errores de otras existencias. Pero no tuve el coraje de recordar. Quizás porque no pagué todo. Por eso estudio, quiero pagar el resto, cancelar los efectos de mis errores, comprometerme con el buen trabajo, con mi transformación interior.

Todos estamos involucrados en historias de este tipo. Casi todos hablaron de sí mismos, como Gloria:

– Cuando era adolescente, me enfermé, tuve ataques, desmayos, luchaba y babeaba. Sufrí mucho, estaba constantemente avergonzada de dar espectáculos. Bastaba solo salir de casa para tener esos accesos. Salía, me ponía nerviosa y venían. Fui muy católica. A menudo tuve estas crisis durante las misas, y el pastor me dijo, tratando de ser amable, que me excusaban de asistir a misa. Pero me encantaba ir mucho, rezar, y estaba muy triste. La gente tenía miedo al contagio y, muchas veces, me caí en la calle y me quedé allí. Éramos pobres, pero mientras tuve madre encarnada, estaba protegida. Cuando falleció, me quedaba con mis hermanos, cada temporada con uno. Sentí que no era bien aceptada. Pero no tenía a dónde ir, y debido a los pocos estudios, no pude encontrar trabajo. Tenía cuarenta años cuando comencé a tomar medicamentos más fuertes y modernos, y los accesos disminuyeron. Desencarnada fui rescatada porque sufrí con resignación y no hice nada malo. Supe que vivía los primeros años de encarnada obsesada. Y que fue mi madre desencarnada quien hizo todo lo posible para que me perdonaran. En mi existencia anterior, había sido un rico señor de esclavos, cometí muchas maldades y no fui perdonada por tres espíritus, quienes me acompañaran, entonces tomando venganza. Después de años, se cansaron porque, al orar siempre, me aseguré de que no pudieran alcanzarme mucho. Pero, debido a mis propios errores, sufrí.

Hoy estos tres espíritus están encarnados, y los ayudo siempre que puedo. Luíza dijo:

— En la última encarnación, tuve una enfermedad que me hizo tener piernas defectuosas, caminaba con dificultad.

Desencarnada llegué a saber que en la existencia anterior me suicidé, arrojándome por un precipicio, dañando mi cuerpo perfecto.

Doña Isaura nuevamente afirmó que las reacciones no son siempre las mismas, aunque las acciones siempre resultan en una reacción.

Raimundo dio una interesante lección sobre cómo ocurre la reacción. Cuando hacemos el mal, el error se registra en nosotros. Es como poner tu mano sobre un metal caliente, y el dolor vendrá como una reacción sea al instante, después de meses o siglos. Pero podemos, en el intervalo entre el acto y la reacción, cortar ese efecto o atenuarlo con amor verdadero, con un trabajo desinteresado en el bien y con el cambio interno.

Hemos visto películas sobre países donde muchos mueren de hambre, ya sea por sequía o por guerra. Hemos visto la reacción de muchas personas, en grupos similares, que necesitan este doloroso aprendizaje para valorar los eventos simples, la fraternidad y la honestidad. Muchas personas sintieron el efecto de la acción nefasta de hacer mal uso del dinero público. El que usaba la guerra para hacer el mal, para acumular fortunas.

También observamos a personas que cometieron muchos errores y marcaron sus periespíritus con tantos fluidos negativos que, además de ir por afinidad hacia el Umbral y allí sufrir durante años, al reencarnarse pasaron estos fluidos como enfermedades, para purificarse.

No todo el sufrimiento se debe a una reacción negativa; a veces, sin aprovechar las lecciones de amor para progresar, el dolor nos obliga a caminar. Porque es a través del dolor, casi siempre, que buscamos a Dios, una religión, un cambio interno, e intercambiamos vicios por virtudes.

La clase teórica fue muy útil.

10.– Acción y Reacción

No tuvimos mucho trabajo en la clase práctica; hicimos todo con poca ayuda.

Doña Isaura explicó:

– Tengo algunos registros de personas encarnadas aquí que llevaré a la corteza. Los veremos y, a partir de sus archivos, sabremos qué acción provocó la reacción actual. Dejo en claro que no hay nada por curiosidad, esto se hace para que puedan aprender de ejemplos verdaderos.

Llegamos a la Tierra en un aerobús, dejándolo en un Puesto de Socorro. Todos juntos fuimos a ver a las personas que íbamos a estudiar.

Vimos a un hombre de unos cuarenta años. Estaba alegre, tenía una discapacidad mental, hablaba sintiéndose muy importante. A veces caminaba con su caballo de madera, viéndose encima de un hermoso caballo. Tocaba un violín de juguete y cantaba canciones que nadie entendía. Caminaba por las calles, y algunas personas lo ayudaban, otras más por diversión lo contradijeran, poniéndolo nervioso. A veces perseguía a las personas que se metían con él. Sufría de epilepsia, que, con los ataques, le hicieran caer y luchar, dejándolo herido.

– Este hermano – dijo doña Isaura – ya estaba obsesado. Con los años, los espíritus que lo acompañaron terminaron renunciando a la venganza. Todo lo que sientes es un reflejo de errores pasados. En esta encarnación, está bien atendido por la madre, que también padece enfermedades. Son muy pobres, pasan por muchas necesidades. En su existencia anterior, era un señor de esclavos en esta región. Estaba casado y su ex esposa ahora es su madre. Eran orgullosos y cometieron muchos males. Para mantener el lujo, dejaron a los esclavos casi sin ropa y con poca comida. Si antes solía montar hermosos caballos, ahora monta su caballo de madera. Antes iba a veladas, donde tocaba y cantaba, mientras sus esclavos gemían de sufrimiento, ahora es ridiculizado mientras baila y canta en las calles. Pero sufre, su espíritu orgulloso aprende en un cuerpo deficiente, sin salud, sufriendo ataques que lo dejan tirado en la calle.

Le dimos pases a él y a su madre. Esta dama en esta encarnación sufre con humildad. Oramos por ellos.

Vimos a un hombre mudo, también con discapacidad mental, que deambulaba por las calles de la ciudad. Estaba sintiendo la reacción de una vida anterior de calumniador e intrigante. Desencarnado, tuvo el remordimiento destructivo que dañó sus cuerdas vocales y su cerebro físico. Abusó de la inteligencia para dañar a muchas personas. Estaba inquieto, tenía dolores abdominales e hicimos un círculo de oración, se calmó, se conmovió y lloró. Frederico nos explicó:

– Siente las emanaciones de afecto, porque recibió bien nuestros fluidos. Que sus sufrimientos sean el aprendizaje que necesita. Déjelo aprender para que ya no cometa errores.

Vimos a un lisiado en una silla de ruedas. Este hermano se rebeló, y la revuelta que sintió generó nubes oscuras a su alrededor. Era mal humorado y envidioso. Dispersamos las nubes oscuras con pases e intentamos darle pensamientos optimistas. Las nubes desaparecieron, pero sabíamos que pronto las volvería a crear. Vimos su pasado.

En su existencia anterior había estado casado con una viuda rica que tenía un hijo. Su esposa tenía un hermano soltero, quien iba a dejar su fortuna al sobrino que era el mejor peón. La pareja tuvo más hijos, y él quería que la fortuna de su cuñado fuera para uno de sus hijos y no para su hijastro, como estaba establecido. Él planeó un accidente. Cuando escuchó que su hijastro iba a montar un valiente caballo, cortó el arnés y observó. El animal derribó al joven, quien quedara inconsciente. Al ver que no había sufrido nada, tomó un palo y le rompió las dos piernas. En ese momento, no había recursos disponibles que hay hoy, y la medicina no pudo salvar sus piernas. Estaba lisiado y ya no podía montar. Uno de sus hijos terminó recibiendo la fortuna. Y ahora, en esta encarnación, cuando era niño, tuvo un accidente y le amputaron las piernas, dejándolo en esta silla.

– En la revuelta, ¿rescatarías tu karma? – Ivo quería saber.

El que se rebela no toma el sufrimiento como una preciosa lección. A veces sufre más, pero rescata. La diferencia entre el buen sufrimiento y el mal sufrimiento es la aceptación y comprensión del sufrimiento. Al aceptar el sufrimiento, cuando se desencarna, se le ayuda rápidamente; desencarnándose con disgusto, no tendrá la ayuda, continuará sufriendo hasta que se vuelva humilde – replicó Frederico –. La revuelta es mala para sí mismo. Hace que uno sea desagradable, sea una persona que a otros no les gusta tener en su vida. Es amargo y se sufre más.

Vimos una pareja ciega. Ser ciego no es fácil, solo cierra los ojos e imagina que seremos así por mucho tiempo. Cada uno de ellos tuvo diferentes acciones para sufrir esta reacción. Ella, por celos, había cegado a alguien. En su existencia anterior, ordenó a dos secuaces que secuestraran a una joven rival, le pusieran veneno en los ojos y la abandonaran en el bosque. La joven tenía casi toda su visión deteriorada. Cuando la mente maestra del crimen desencarnó, sintió remordimiento, lo que la hizo quedarse ciega; reencarnó y trajo ojos sin vida al mundo material.

Él es ciego e inteligente, es un espíritu que quiere evolucionar. Cuando recordó, su pasado, sus existencias anteriores, desencarnado, vio que hace mucho tiempo había sido un general que había cegado a quienes fueran vencidos. Esto lo conmocionó tanto que quiso regresar ciego a esta encarnación, para no sentir más remordimiento. Ambos trabajan para ganarse la vida, y es él quien la apoya con optimismo y fe.

– ¿No podría cuidar a los ciegos, ayudarlos, en lugar de reencarnar como ciegos? – preguntó Luíza.

– Fue su elección – respondió Raimundo –. Tenemos libre albedrío. Quizás tenía miedo de fallar. Uno puede, desencarnado, hacer planes para ayudar a las personas ciegas. Aquí, encarnado, cambió mucho, porque las ilusiones de la materia casi siempre nos hacen olvidar los propósitos. Muchos fallan. Desencarnados, hacen muchos planes, pero la mayoría regresa al plano espiritual resquebrajado.

Cuando vimos a estas personas, les dimos pases, animándolos, haciéndolos sentir mejor.

Fuimos a visitar una escuela para discapacitados mentales. Había una gran cantidad de niños allí. Tres de ellos estaban obsesados. Primero, los rodeamos y nos hicimos visibles para los obsesores. Con delicadeza, tratamos de convencerlos de que nos acompañen, dejando a sus víctimas. Dos espíritus que estaban con una chica nos escucharon atentamente, y con alivio escuchamos que iban con nosotros, ya que estaban cansados del sufrimiento y la venganza ya no les interesaba. Los llevamos al Puesto de un Centro Espírita donde, en la próxima reunión, serían adoctrinados y llevados a una escuela en la Colonia. En el segundo caso, el obsesor nos miró con recelo, habló poco, prometió pensar en nuestras propuestas y abandonó el lugar. Había un niño obsesado que era influenciado por dos espíritus. Los tres estaban estrechamente entrelazados. Los obsesores nos escucharon de manera confusa, sin entendernos.

Raimundo dijo:

– No podemos hacer nada por el momento, pero este lugar siempre es visitado por rescatistas, que prestarán atención especialmente a estos tres, quienes por errores comunes están entrelazados en el odio. Tal como están, si retiramos a uno de los desencarnados, el niño corre el riesgo de desencarnar. Ella es una novata en la escuela, creo que los socorristas pronto podrán guiar a estos desencarnados y llevarlos a un Puesto.

Hay muchas malas acciones que llevan a los espíritus a reencarnarse con deficiencias mentales. Es raro, pero existe un espíritu que, debido a cierto objetivo, se reencarna deficiente sin la reacción negativa. Hubo espíritus que abusaron de la inteligencia. Otros dañaron el cerebro con drogas y alcohol. Otros se suicidaron. Algunos practicaron tantos errores y el remordimiento destructivo causó que deformaran el cerebro periespiritual, llevando esta deformidad al cuerpo al reencarnarse.

Nos acercamos a un niño con una discapacidad muy grave.

Había sido rico, el hijo mayor, y tenía una hermana. Era un adolescente cuando su padre falleció, dejando a su madre joven y muy hermosa. Tenía diecisiete años cuando su madre comenzó a interesarse por otro hombre. Comenzó a seguir a su madre y la escuchó hablar con su novio. Descubrió que se iban a casar y que ella estaba embarazada. Como no quería que su madre se casara y aun tuviera más hijos para compartir la herencia, planeó el crimen, mató a su madre con un cuchillo e hizo caer la culpa en un ex esclavo que trabajaba en la granja. En ese momento, la abolición ya había tenido lugar. Fingiendo un gran dolor e indignación, sin esperar un juicio, hizo que el negro se pusiera en el tronco y lo azotaran hasta la muerte. También insinuó que su madre era la amante de un hombre negro. Entonces el hombre negro desencarnó en el tronco sin mayores problemas para él. Su abuelo fue su tutor hasta la mayoría de edad. Al hacerse más grande, comenzó a proteger a su hermana menor. Era trabajador, inteligente y multiplicó los bienes. No queriendo que su hermana se casara, desde que ella era jovencita, comenzó a darle sustancias tóxicas, sin que ella se diera cuenta, haciéndola parecer loca y enferma. La hermana desencarnó joven y comenzó a obsesarlo. Se casó, tuvo hijos, fue respetado, pero terminó consumiendo drogas, en un intento de aliviar el remordimiento Desencarnó en un estado terrible. La hermana lo persiguió durante años. Luego, el remordimiento destructivo dañó su cerebro, que estaba en perfecto estado. Él reencarnó tal como lo ven ahora, concentra en su cuerpo los fluidos negativos que él mismo creó.

Miramos a los discapacitados con profundo amor y afecto. Sus sonrisas sencillas, sus formas frágiles nos hacen querer abrazarlos. Lo hicimos, les dimos alegría. Nada es eterno y tampoco la reacción es infinita.

Todo se renueva, pasa el tiempo, llega la desencarnación, y ellos, ayudados y guiados, tienen otro reinicio. Confieso que me compadecí de todos. Solo los imprudentes piensan que nada tiene retorno. Ver a las personas sufrir las reacciones, los efectos, es triste. Si el encarnado supiera que nadie hace nada sin retorno y que solo cancelamos estos efectos con mucho amor y renovación, no cometerían tantos errores.

Después de pasar horas con ellos, la visita terminó y regresamos a la Colonia. Al final de la clase, Raimundo respondió muchas preguntas.

– ¿Se le puede pedir a uno que reencarne ciego, sordo o discapacitado? – Preguntó Luíza.

– Sí, puede. El Departamento de Reencarnaciones estudia cada caso. El solicitante recibe orientación y, si lo desea, los instructores verifican si será bueno para él o no. Solo después de que se realiza un estudio favorable, él puede reencarnar con una discapacidad, porque la mayoría de las deficiencias son las que creamos nosotros mismos por nuestros errores.

– ¿Se puede querer ser deficiente para crecer espiritualmente, para progresar? – preguntó Ivo.

– Sí. A veces un espíritu piensa que solo así, deficiente en la materia, despertará para progresar. Pero te recuerdo que la discapacidad es un sufrimiento que solo te hará bien a ti mismo. Progresar en el trabajo por el bien de la transformación interior es mucho más valioso. Pero hay personas que concilian la discapacidad con la transformación interna y lo llevan muy bien. Por lo general, cuando eso sucede, pueden inspirar a muchos con su ejemplo.

– ¿Qué sucede si alguien, que sufre mucho por la reacción de sus malas acciones, se suicida? – Preguntó Marcela.

– Además de no pagar su karma negativo, su situación también se verá agravada. Cuando se suicida, encontrará un dolor peor y no podrá resolver sus problemas.

– Lo sé – dijo Murilo –, un hombre médium que siempre deja el trabajo para después, el trabajo en el bien, el trabajo con su mediumnidad. Él dice que aun no ha llegado el momento de trabajar, de seguir la Doctrina Espírita. Tiene karma negativo que debe anular. ¿Qué le pasará a él?

– No debemos posponer para más tarde lo que puede y debe hacerse hoy, ahora. Si tiene que anular su karma y no lo hace, si pierde la oportunidad de amar, solo quedará el dolor. Hacer promesas no es suficiente, tienes que cumplirlas. No puedo decir qué le sucederá; quizás, si continúa negándose a trabajar con la mediumnidad, el dolor sabio será una reacción.

- Vimos a una persona con discapacidad mental que recuerda su pasado y sus errores. Los otros no recuerdan, ¿por qué? – pregunté.

- Como hemos visto, cada caso es diferente. Nada se puede tomar en el Plano Espiritual como regla general.

Este espíritu fijó tanto sus errores en su mente, que incluso con la reencarnación no pudo olvidar.

- ¿Qué le pasará a él? – Quería saberlo.

- Pronto desencarnará, será atendido y admitido en un hospital, en una sala para hermanos con discapacidades mentales, y su recuperación dependerá de él. Entonces, como sucede siempre con estos hermanos, pero no es una regla, lo repito nuevamente, él reencarnará nuevamente y allí olvidará todo.

- ¿Vive ambas existencias? – Preguntó Mauro.

- No, vive lo que es hoy, pero su mente confundida recuerda su encarnación pasada, agravando aun más su discapacidad. Tiene la idea fija en el pasado.

– ¿Es cierto que los discapacitados mentales siempre son ayudados, al desencarnar, por un equipo especial? – Preguntó James

– Sí, es verdad. Están desligados, rescatados en sus propias salas de hospital en las Colonias donde se recuperan.

– ¿Los sufrimientos son siempre reacciones? – preguntó Gloria

– Como ya dije, no. Cuando nos detenemos, sin querer progresar, el dolor puede impulsarnos a progresar. Hay muchas veces en que el sufrimiento nos lleva de vuelta al Padre Amoroso, a una religión, al cambio interno.

Este fascinante tema ha llegado a su fin; tenía unas pocas horas libres. Fui a visitar a la abuela y amigos. Lenita me estaba esperando en la escuela, nos abrazamos con amor; fue conmigo a casa de la abuela. Es bueno ver amigos. La abuela y sus amigas me recibieron con alegría. Hablamos animadamente. También fui a ver mis violetas, eran hermosas y floridas. Qué bueno es ser amado de esta manera, ser recordado con cariño por los seres queridos y recibir incentivos de parte de ellos. Estábamos conectados por el amor verdadero, sin egoísmo. Las violetas eran el símbolo de este afecto.

Besé sus coloridas flores y le envié un pensamiento de gratitud a mi madre.

Hablé con entusiasmo sobre el curso, les conté detalles. La abuela comentó:

– ¡Ah! ¡Patricia, si todos fueran como tú, si todos los desencarnados pensaran y actuaran como tú!

– La Tierra sería un planeta de regeneración – dije bromeando. Pasé momentos agradables con amigos.

11.– Locura

Impresionante y realmente fascinante es el cerebro humano, la residencia central del alma; archivo de nuestro pasado, el lugar de nacimiento de toda la creatividad humana, el asiento de toda felicidad y alegría, cuando no hay conflictos.

Pero la mayoría de nosotros no hacemos más que deteriorar la capacidad mental a través de la tergiversación de las fuerzas y energías que recibimos de la bondad divina. Es un hecho común, que apenas llama nuestra atención y, cuando vemos que sucede con nuestros hermanos, buscamos las causas de esta infelicidad y dolor en agentes externos, como anomalías físicas, o en la ignorancia de nuestros hermanos obsesivos. Apenas nos detenemos a pensar que el viaje de la naturaleza cósmica es hacia el perfeccionamiento de todas sus manifestaciones, incluido también el hombre. Pero el hombre casi nunca mira hacia adentro y reconoce que es en sí mismo donde reside la fuente de sus propios males y desgracias. Meditando sobre estos hechos, comencé la clase teórica en la que estudiamos el cerebro humano. Hemos visto que el cerebro físico es idéntico al cerebro periespiritual. En una clase difícil, estudiamos las partes del cerebro y sus respectivos nombres. Creamos un cerebro "plástico" para tener una idea real de cómo se forma.

Impresionante y maravilloso es el cerebro humano. Aprendimos los nombres complicados de las enfermedades que lo afectan y sus síntomas

Vimos películas sobre enfermedades mentales y también sobre los enfermos. Estudiamos y vimos la locura sin obsesión. Estudiaríamos más adelante la razón por la cual la obsesión es la causa de muchas enfermedades y locuras. Las enfermedades mentales son casi todas de origen espiritual. Están vinculados a un pasado lleno de errores. Muchos pacientes recuerdan total o parcialmente, de manera confusa, sus existencias previas y perturban su cerebro, lo que, los predispone a enfermarse debido a los muchos males que han cometido, no logran equilibrarse. Los recuerdos del pasado no perjudican a las personas equilibradas que ya han pagado sus deudas o karma negativo.

Tuvimos una clase interesante en la que aprendimos a enfocarnos en otras mentes y saber lo que están pensando o lo que está sucediendo. Aprendemos para ayudar. Solo podemos leer la mente con el permiso de la persona que estamos investigando, o cuando tiene una gran necesidad de ayuda. La mente perturbada es fácil de leer, porque sus pensamientos están fijos en un determinado tema. Por supuesto, solo con estas clases no saldríamos a leer pensamientos. Pero fue un comienzo. Para desarrollar este proceso perfectamente, se necesita tiempo y la práctica es necesaria. Este estudio solo serviría para leer los pensamientos de los pacientes y ayudarlos. Tenemos que centrarnos en la mente del otro, y lo que él piensa viene a nuestra mente. Al principio leíamos de manera incierta, solo piezas, luego con el entrenamiento mejoramos. De desencarnado a desencarnado es más fácil. Entonces aprendí a leer las mentes de los encarnados. Pero solo hago esto por ayuda, nunca por curiosidad. Entonces, como dije, la mente perturbada es más fácil. En pacientes mentales, los pensamientos siempre son muy confusos.

En la clase práctica, fuimos al hospital de la Colonia. Los pacientes perturbados permanecen en el hospital en salas separadas.

Dentro de estas salas todavía están aislados, dependiendo de su estado. Los rescatados, por supuesto, no estaban obsesados, pero muchos lo habían estado encarnados.

Primero visitamos a los que estaban en recuperación. La enfermería es grande, cuenta con muchas ventanas, camas, sillas, algunas mesas con flores, cuadros en la pared y cortinas en las ventanas. Era una enfermería femenina. Los pacientes usan ropa blanca, vestidos o conjuntos de pantalones largos y camisas.

Viviendo en el Mundo de los Espíritus

La primera impresión es que están bien, no tienen dolor, pero en algunos, los ojos están algo quietos, en otros, inquietos. Algunos hablan mucho, otros están callados. Nos recibieron bien, les gusta hablar y hablar sobre sus problemas. Recibimos orientación y permiso para intentar poner en práctica lo que aprendemos sobre la lectura de la mente. Fuimos allí para hablar con los pacientes, tratar de ayudarlos con consejos, darles pases e invitarlos a rezar con nosotros.

Fui a hablar con una joven que parecía tener quince años, pero tenía veintitrés.

– ¿De verdad quieres escucharme? – Me preguntó –. ¿Puedo contarte mi vida?

– Claro que puedes. Di lo que quieras – respondí.

– Yo era una buena chica, o todos pensaban que lo era. Honesta y trabajadora, ayudé a mi madre, una viuda, a coser para los clientes. Me comportaba un poco extraña, maníaca, pero nada serio. Tenía veintidós años, no encontré novio y terminé enamorada de un hombre casado, nos comenzamos a encontrar a escondidas. Quedé embarazada Él no quería tener nada conmigo; arregló y pagó para que abortara. Temiendo los comentarios maliciosos y mi madre, tuve un aborto. Nadie se enteró, pero después de esa acción me enfermé. Me volví loca y fui admitida en un sanatorio, donde desencarné después de un tratamiento de electroshock. Sufrí mucho, fui perseguida por un espíritu enemigo de otra existencia. Ese espíritu, tratando de reconciliarse, iba a nacer como mi hijo y lo aborté. No me perdonó, el odio volvió más intenso y me persiguió a través del Umbral. Después de un tiempo fui rescatada. Ahora estoy bien.

Al observarla, vi que era un espíritu endeudado que, en su encarnación anterior, cometió muchos errores y, cuando desencarnó, sufrió mucho en el Umbral y terminó perturbada. Se sometió a tratamiento y fue reencarnó. En la vida física, después de un nuevo error con el aborto, su cerebro perdió la armonía y el obsesor logró enfermarla. Si no se equivocaba en esta, no se enfermaría más. Así, vimos casos en los que los obsesores esperan una oportunidad, como nuevos errores y desequilibrios sentimentales, un dolor como la desencarnación de los seres queridos, que disminuye la vibración, para poder actuar.

A estos pacientes les gusta tanto la atención que a veces quieren contarnos todo de nuevo, quieren que nos mantengamos cerca y les prestemos atención. La niña me agarró la mano.

– Déjame estar más cerca de ti, ¡me siento bien! ¡Déjame! En ese momento, nadie estaba en la cama. Isabel, se llama, y yo estaba sentada en las sillas cerca de su cama. Algunos colegas míos y algunos pacientes salieron al patio frente a la enfermería, que tiene muchas áreas floridas. Me compadecí de ella y la invité a que fuera conmigo para hablar con una señora que nos había estado mirando con una sonrisa durante mucho tiempo. Fuimos, Isabel estaba callada, solo escuchando, pero no me soltó la mano. Después de los saludos, la señora comenzó a hablar:

– Hija, estoy enferma, pero no estoy loca como dicen. Es curioso, aquí no me llaman loca, pero en el otro lugar, sí (se refería al período de encarnación). Soy baronesa, hablo, hablo y nadie cree. Tengo una casa grande, hermosa, empleados y esclavos, pero vivo en esta casa fea, con personas que dicen que son mis parientes.

Tengo ropa bonita y me visto así, con las feas. Ya ni siquiera sé quién soy. ¿Soy María O Carmela? ¿Qué confusión? ¿Quién crees que soy? (Habló, pero no esperaba una respuesta.) Soy ambos, o ninguno. Dicen que yo era Carmela, que morí o desencarné y que nací o reencarné como María. Pero todos son uno. ¿Por qué soy dos?

Quería ser Carmela, quien se vestía bien, comía bien, era hermosa y rica.

– ¿No te gustó el negro? – pregunté –. María es negra.

– No, estoy aterrorizada, son sucios y estúpidos. Pero yo soy negra, ¿no lo ves? No era y me quedé así.

Traté de explicar que, en la existencia anterior, era Carmela, y que su cuerpo estaba muerto, luego fue reencarnada como María.

Ella repitió su historia otra vez. Le di un pase y ella se calmó. Hubo un caso de recuerdo fuera de tiempo, como una fruta verde. Quizás recordó por la acción de un obsesor, queriendo molestarla. O ella misma, fascinada por la encarnación como Carmela, no olvidó, y los recuerdos la confundieron cuando regresó como María, en una encarnación que no le gustó y rechazó, por ser pobre, fea y negra, una raza que detestaba.

Íbamos a otra sala. Isabel me soltó llorando y quiso que le prometiera que volvería a verla. Le dije que haría lo mejor que pudiera. Tenía poco tiempo libre y necesitaba organizar mi tiempo libre con las visitas. Cuando terminé el curso, fui a verla de nuevo. Ya estaba mucho mejor. Ella sonrió cuando me vio, hablamos mucho. Ella quería reencarnarse, había preguntado, pero los instructores dijeron que tenía que permanecer en el Plano Espiritual por más tiempo. La invitaron a estudiar. La animé, Isabel es analfabeta. Hablé de la escuela con cariño, ella estaba entusiasmada. Allí aprendería el Evangelio, la moral cristiana, los cuales le harían mucho bien.

Viviendo en el Mundo de los Espíritus

Estas salas que vimos son de pacientes que, encarnados, tenían anormalidades mentales. En el Plano Espiritual, hay muchas salas de enfermos que, encarnados, estaban sanos y, cuando desencarnaran, se vieron perturbados por el sufrimiento o el remordimiento.

Fuimos a una sala de hombres. Cuando entramos, un caballero me miró y dijo:

– ¡Y tú!

Me asusté y Frederico fue hacia él. ¿Ella qué? ¡Es linda!

Zé me dijo en voz baja:

– ¡Eso allí, Patricia, eres un éxito por aquí!

Frederico estaba hablando con él, quien, mientras estábamos allí, me miró mucho.

Otro hecho interesante sucedió en esta sala. Un paciente confundió a Nair con alguien más que era su amigo. Él tomó su mano y no la soltó. Frederico y Raimundo tuvieron que postrarlo con un pase para soltar su mano.

Fui a hablar con un viejito. Después de los saludos comenzó a hablar:

– Yo era un cazador, vivía cerca de un pequeño bosque. Disparo bien. Un día, por accidente, maté a otro cazador. Temiendo las consecuencias, puse el arma en su mano como si él se hubiera disparado. Funcionó y el hecho fue dado como un accidente o suicidio. Despúes de unos años, mi hija quería casarse con un chico malo, vagabundo y cínico. Sin que nadie lo supiera, organicé una cacería con él, diciendo que era para una conversación tranquila. Le disparé y lo hice como la otra vez. El accidente fue sospechoso, pero como no había evidencia, todo quedó allí. Pero ese espíritu me obsesionó hasta que quedé perturbado. Mi familia dijo que estaba senil. Desencarné y sufrí mucho. He estado en el hospital por mucho tiempo.

Terminó de hablar, bajó la cabeza y estaba triste, lo animé; entonces él me sonrió.

– ¡Qué bueno es tener la conciencia tranquila!

Fui a hablar con otro caballero que, poco después de hablar un poco, contó su historia:

– En la encarnación anterior a esta, fui a la guerra, maté a muchos hombres y cometí muchas maldades con los prisioneros.

Reencarné en otro país, era pobre y muy trabajador. Pero algunos enemigos me encontraron y estaban esperando una oportunidad: si cometía un error o bajaba mi vibración, me obsesarían. Me enamoré de una chica rica que ni siquiera sabía que existía. Me animé y le confesé mi amor, pero ella se rio de mí. Tomé veneno, solo que no morí, me quedé sin palabras. Después de un tiempo, mi madre falleció. Entonces lo lamenté y me perturbó.

Terminé siendo el mudo idiota. Viví así durante años, solo en una pequeña casa, mendigando. Con el tiempo, los obsesores se fueron, sé que fue mi madre quien los hizo que me perdonaran. Desencarné y fui rescatado, porque sufrí resignado durante muchos años. Solo he estado aquí recientemente. Todavía tengo las "ideas" confundidas. A veces, recuerdo la guerra y grito. Pero, gracias a Dios, estoy mejorando, y poder hablar de nuevo es realmente bueno.

Se durmió cuando recibió el pase.

Fuimos a ver a los que dormían en pesadillas. Formamos equipos de cinco para dar pases a cada uno de ellos. Mientras oramos, a veces vimos sus pesadillas.

Una mujer extrañaba a su obsesor a quien estaba atada por el odio y la pasión. Lo quería y lo llamaba una y otra vez. Una enfermera nos dijo que el espíritu que la obsesaba estaba en el Umbral, que no quería ayuda.

– ¿Tiene ganas de llamarla? – preguntó Laís a la enfermera.

– No, la distancia es grande y las vibraciones son muy diferentes. Leemos las pesadillas de un hombre que tenía el vicio del sexo y, para satisfacerse, mató a dos niños.

También vimos a una señora que ahogó a un niño, una niña de dos años, para vengarse de su patrona.

Nadie se enteró y lo dieron por accidente. Pero un día llegó el remordimiento y ella comenzó a sufrir mucho.

Todo es muy triste de ver. Los errores, el remordimiento y el sufrimiento pueden molestar a alguien y, cuando encarnado, puede tener una de las enfermedades mentales como reacción...

Vinimos a la Tierra por unas horas y fuimos a visitar un sanatorio. Esta vez, vinimos solo para ver casos de locura sin obsesión. Nuestras visitas ayudan a los enfermos: hacemos círculos de oración y damos pases. Estos pacientes casi siempre manifiestan sus enfermedades cuando cometen errores; sienten mayor dolor, tienen que enfrentar las responsabilidades o son recibidos por eventos desagradables. Vimos en estos encarnados las enfermedades que tenían y sus síntomas.

No tuvimos mucho que debatir en la clase final. Solo Luís preguntó:

— ¿Las enfermedades mentales son hereditarias?

– La herencia puede dar a los individuos las tendencias físicas. Pero, casi siempre, se reencarnan con espíritus afines y tantas veces como aquellos que participan juntos en errores. Puede ser que cometieron errores juntos y, por lo tanto, reencarnaran juntos. Cuando el espíritu está equilibrado, el cerebro físico también lo estará.

Este tema fue bueno para todos nosotros.

12.– Obsesión

Vivir en paz contigo mismo es una fuente perenne de alegría y felicidad. Pero, cuando me fue dado a conocer personalmente el trabajo de recuperación de obsesores y personas obsesadas, me alcanzó una tristeza tan profunda que pareció romper todo mi ser, cuando vi el lamentable estado en que permanecen los acreedores y deudores, verdaderos actores que representan el odio, destruirse unos a otros. La influencia negativa ejercida por estos hermanos, aun fijos en el egoísmo casi absoluto, era vergonzosa e incluso dolorosa.

La tarea de ayudarlos es difícil, es exigente para los espíritus que se dedican a esa misión con devoción y paciencia tan grandes que llegamos a ver en esa actitud el reflejo del amor divino, el amor sin fronteras, vencedor del tiempo y el espacio, en la búsqueda de la recuperación de sus hijos. El Padre no abandona a Sus hijos y los ayuda a través de Sus propios hijos, involucrando a todos en Su gran amor, esperando, por la eternidad, que regresemos al cultivo de la fraternidad.

Nada mejor que las lecciones de Allan Kardec para enseñarnos qué es la obsesión. Es la acción persistente de un espíritu sobre una persona. Tiene características diferentes, desde la simple influencia de un orden moral hasta la perturbación completa del organismo y las facultades mentales. Las peores obsesiones son las de la acción vengativa. Normalmente, el obsesor y el obsesado estuvieron relacionados en existencias anteriores. La obsesión, la subyugación y la posesión conducen a muchos a la locura. Por lo general, el obsesor intenta darle a la persona obsesada una idea fija. A veces le hacer recordar parte de la existencia anterior para que él se confunda. Casi siempre, se da entre encarnados y desencarnados, o solo desencarnados, donde hay luchas e intercambios de ofensas, puesto que el odio y la pasión los unen.

En nuestra clase práctica, llegamos a la Tierra, como habíamos visto en el hospital de la Colonia, ex–obsesados, desencarnados, que fueran obsesados cuando estaban encarnados. Como siempre, llegamos en un aerobús, nos detuvimos en un Puesto de Socorro en la Tierra y salimos a ver algunos casos de obsesión. El primero que analizamos fue de simple influencia mental. Como el caso de un desencarnado que no sabía que ya había desencarnado y estaba cerca, "recostado", sobre una encarnada, una niña, vampirizando sus energías, o más bien, intercambiando energías. Ella comenzó a experimentar síntomas de enfermedad, del malestar que sentía el desencarnado. La niña tenía a su padre, desencarnado, cerca de ella. Sentía dolor y tristeza que comenzaban a afectar su físico. Intentamos intuir a la madre para llevarla a tomar pases. Fue un alivio para nosotros cuando decidió ir a un Centro Espírita. Al tomar el pase, el espíritu también recibe y se siente mejor. El padre desencarnado fue invitado a permanecer en el Centro Espírita, para ser adoctrinado más tarde, en la sesión de desobsesión.

Luego, vimos un encarnado, fanático religioso, quien tenía cerca a un desencarnado también fanático, los dos estaban en sintonía. Siempre estaban discutiendo sobre religión. Miramos, observamos y no hicimos nada, ambos se sentían bien así.

Después, entramos a tres bares. Los encarnados bebían. Y eran pocos los que no estaban acompañados por desencarnados. Allí, muchos espíritus succionaban el aliento de quienes bebían, emborrachándose juntos. Algunos eran desencarnados borrachos, o que querían beber, se quedaban cerca de cualquier encarnado que bebiera. Otros desencarnados allí estaban con compañía fija. Vimos a alguien que obsesaba a un encarnado, pero no se emborrachaba, quería que su obsesado bebiese para volverse ridículo, un trapo humano. Los desencarnados bebían y fumaban, participando en las conversaciones de los encarnados. Es extraño ver desencarnados borrachos. No difieren de los encarnados. Pelean entre ellos, ríen, caen, dicen groserías. Algunos parecen animales y en su mayor parte están sucios, con cabello y uñas grandes y baba. Allí solo observamos, sin ser vistos. No ayudamos a nadie.

– ¡No todos los encarnados beben bajo la influencia de los desencarnados! – comentó Zé.

– Los grupos sintonizan, ambos, encarnados y desencarnados, beben porque les gusta. Son esclavos de los vicios, hasta que son libres – respondió doña Isaura.

– ¿Estos desencarnados se quedan mucho tiempo así? – preguntó Luíza.

– Depende de cada uno – respondió doña Isaura nuevamente. Algunos se quedan por muchos años, otros se cansan pronto. Estos espíritus son presa fácil para los espíritus del Umbral, que los hacen esclavos. Pero cuando quieren dejar su adicción, siempre encuentran ayuda, ya sea encarnada o desencarnada.

A continuación, fuimos a ver a un grupo tomando drogas. Había ocho encarnados, solo dos adultos, y los seis jóvenes ya estaban dopados. Tuve dolor, conocí a algunos. Tampoco pudimos hacer nada.

El grupo de los desencarnados que se drogaban con ellos era más grande: veinte, todos perturbados. Tenían figuras extrañas, sucias y malolientes. Los drogadictos encarnados siempre tienen quienes cuiden de ellos, pero los drogadictos descarnados no; y para ellos nada más importa. Hicimos un cerco alrededor de ellos. Raimundo se hizo visible para los desencarnados. Irradió una gran luz, que por un momento los mareó. Temieron, trataron de escapar, pero no lo consiguieran.

Raimundo les habló. Los invitó a una liberación, a un tratamiento.

Ellos, después del susto, escucharan en voz baja, pero con risas cínicas. Cuando Raimundo terminó de hablar, lo abuchearon. Ninguno estaba interesado en cambiar. Ya habíamos observado lo suficiente y nos fuimos, dejando a todos drogados.

Posteriormente, fuimos a un Centro Espírita, que estaba en una sesión de desobsesión. Allí estaban tres obsesados con sus respectivos acompañantes.

El primer caso, el más simple, fue el de una señora que estaba acompañada por su hermana, que no sabía que había desencarnado.

El hecho de desencarnarse y estar con miembros de la familia es común, y también fácil de resolver, porque es suficiente para que el desencarnado entienda su condición y sea socorrido.

Hay casos en los que el desencarnado regresa, pero generalmente el problema se resuelve fácilmente en el Centro Espírita.

– Si los obsesados no hubieran venido al Centro Espírita, ¿qué pasaría? – Preguntó Teresita.

– La persona desencarnada eventualmente entendería su condición, o pediría ayuda, o se iría. Situaciones como esta, generalmente, no duran mucho, aunque causan muchos inconvenientes – respondió Frederico.

El segundo caso era de una joven cuyo obsesor estaba enamorado, él fue rechazado en la existencia anterior y por eso que ahora la obsesaba. Él no quería que ella fuera feliz o que buscara un novio. Tampoco fue un caso difícil de resolver. Una vez incorporado, recibió orientación y fue llevado a una Puesto de Socorro para recibir tratamiento. El tercer caso, fue el más difícil, solo se resolvería después del tratamiento con pases y con la desobsesión dirigida a ambos. Permanecieran juntos por un largo tiempo, estuvieron tan juntos que no pudieron ser separados sin preparación. Ambos estaban siendo orientados.

El Centro Espírita es indudablemente un Puesto de Socorro para espíritus encarnados y desencarnados, un apoyo para todos los que sufren. Amo de forma especial a los Centros Espíritas activos para el bien y doy gracias, por haber conocido, cuando encarnada, el Espiritismo.

Por último, fuimos al sanatorio. Nos alojamos en el Puesto de Socorro, en el plano espiritual, al lado del hospital material.

El Puesto es muy bonito, sencillo, cómodo, muy moderno y equipado. El equipo de los desencarnados de ese lugar también ayuda a los enfermos encarnados. Estuvimos allí cuatro días. Llegamos de noche y nos fuimos a descansar. Al día siguiente, fuimos al salón y rezamos para pedirle al Padre comprensión para ayudar con la sabiduría.

Muchos de los internos estaban obsesados. Cuando llegan al punto de enfermarse mentalmente es porque la obsesión ha existido por mucho tiempo; y las obsesiones de larga data casi siempre dañan lo físico. Los pacientes necesitan tratamiento para la materia. También observamos que muchos de los desencarnados, obsesadores, estaban igualmente perturbados, también enfermos. Muchas de las obsesiones eran sobre venganza y cobranzas.

Nos pusimos a trabajar. Nos dividimos en grupos de tres a cinco, para ayudar uno a la vez. Cuando estas excursiones llegan a hospitales y sanatorios, los encarnados que atienden a los enfermos siempre comentan: "¡Qué paz hay por aquí! Estos días son pacíficos."

Ayudaríamos, en esos días, a los enfermos, a las enfermeras, a los médicos, en definitiva, a todos los que trabajan allí. Mi grupo se acercó a una joven negra, ella tenía dieciocho años y a su lado, estaba una niña blanca desencarnada. Ambas, en el pasado, en la encarnación anterior, se enamoraran del mismo hombre. La desencarnada se había suicidado cuando fue rechazada. La joven mujer negra en su otra encarnación no fue buena, cometió muchos errores. Reencarnó con el deseo de hacer el bien, y ser honesta. Se enamoró de nuevo del amor del pasado. La otra, desencarnada, no quiso y no quiere verlos juntos, interfirió de esa manera, obsesando a la rival, que terminó perturbada y admitida en el sanatorio. El muchacho se casó con otra, eso la desencarnada no lo sabía.

La joven encarnada hablaba todo el tiempo de una bola de fuego, y cuando hablaba sobre eso, la desencarnada reía a carcajadas. En un momento hablaba que era una bola de fuego, que la cama era una bola de fuego. La idea fija del fuego era dada por la desencarnada, porque ella se suicidó al encender fuego en su cuerpo. Intentamos hablar con la desencarnada, pero no fue fácil. Ella nos escuchaba sin comprender bien, estaba perturbada y su pensamiento solo era separarlas. Hicimos círculos de oración, le dimos pases y, al cuarto día, terminamos refiriéndola para un Puesto de Socorro. Fue llevada a una de las enfermerías, de las que habíamos visitado, para enfermos mentales en la Colonia. La encarnada también estaba enferma, pero con el tratamiento adecuado pronto estaría bien.

Vimos a una señora que ocupaba una habitación pagada. Pertenecía a una familia acomodada. A su lado había una mujer negra que la obsesaba. A la encarnada le gustaba arreglarse, a la obsesora también, las dos parecían amigas. Pero era solo apariencia. Cuando intentamos hablar con la desencarnada, vimos que odiaba a la otra, pero al mismo tiempo le gustaba vivir cerca de ella. Escuchó en silencio nuestro argumento. Pensé que se iría en ese momento con nosotros. Pero nos dijo, cínicamente:

– ¿Ya terminaron? Ya les he prestado mucha atención. Por favor retírese. La segunda vez que hablamos con ella, nos escuchó inquieta. Cuando fue invitada a venir con nosotros, gritó golpeando el suelo con el pie y dijo:

– ¡No es no! ¡No voy! ¿Por qué quieren que la deje ir? ¿Por qué quieren que ella se ponga bien? ¿Saben lo que me hizo? Era su esclava, su aya. Ella siempre fue caprichosa y mala, y solo porque pensó que no le planché la ropa bien, me tiró agua caliente en la cara y el cuerpo. Aun así me hizo trabajar todo quemada. La quemadura se infectó, pasé días entre la vida y la muerte. Sané y quedé completamente marcada. ¡Fue ella quien me lo hizo! Hizo muchas otras maldades, no solo a mí, sino también a muchos otros esclavos. Por eso, desisto, no iré. Me quedo con ella hasta que ella desencarne.

Frederico se acercó y la miró, hizo que ella viese, recordase el motivo de esa reacción.

En la existencia anterior, ella había sido un capataz que marcaba esclavos con un hierro caliente. Ella lo recordaba con calma.

–¡Ya recordé eso! Otros como tú intentaron llevarme, me mostraran todo. ¡Lo hice y sufrí! Pero esta ha hecho más y tiene que sufrir. ¡Me quedo aquí!

Raimundo le mostró en una pantalla portátil la Colonia con toda su belleza. Parecía curiosa, luego cínica, comentó:

– ¡Esto no es para mí! – Raimundo nos dijo:

– Esta mujer ha obsesado por mucho tiempo a la otra. La encarnada fue, de hecho, todo lo que dijo. De hecho, ella reencarnó en la misma familia. Cuando fue adolescente, su padre se suicidó y fue ella quien lo encontró ahorcado. Se perturbó y la desencarnada pudo ejercer una marcada obsesión. Pero recibí la orden del Departamento de Pedidos para intentar todo y separarlas.

Raimundo se acercó a la mujer desencarnada, la miró atentamente y aparecieron manchas como las bolas quemadas en la cara y los brazos. Ella comenzó a gritar:

– ¡Hechicero! ¡Esto no! ¡Duele mucho! ¡No quiero recordar! ¡Quítamelo!

– Solo si vienes con nosotros – respondió Raimundo con calma.

– ¡No!

Nos alejamos, nos dijo Raimundo.

– Debo llevarla por libre voluntad, sería fácil llevarla a la fuerza. Pero el encarnado lo sentiría mucho e incluso podría desencarnar. Si ella viniese por su propio libre albedrío, aunque la estoy forzando por su propio bien, la encarnada lo sentirá, pero no se verá perjudicada.

Raimundo la vigiló de cerca. Ella se retorcía, lloraba de dolor. Estaba tan unida a la encarnada que esta se puso inquieta, se pasó la mano por la cara y los brazos y comenzó a quejarse de dolor. Durante ocho horas, la desencarnada soportó el dolor. Gritó pidiendo ayuda. Raimundo se hizo visible para ella, la abrazó fraternalmente y le quitó la quemadura.

– Hija – dijo Raimundo con cariño – ven con nosotros. ¡Ven a ser feliz! Aprenderás muchas cosas, reencarnarás y olvidarás.

– Lo haré – dijo seriamente.

– Ve y dile adiós a la encarnada, retira de ella tus fluidos.

La mujer desencarnada se acercó a la encarnada y la abrazó.

– ¡Adiós! ¡Me voy! Te dejo sola. Si puedo, volveré a verte.

Raimundo la llevó a la Colonia. Los dolores de la encarnada desaparecieran, pero ella no sabía por qué comenzó a llorar. Al día siguiente estaba triste, hicimos todo lo posible para animarla. Extrañaba a la desencarnada. Frederico nos dijo:

– Ella no solo estaba obsesada. Tiene una lesión cerebral que empeoró cuando vio a su padre muerto de esa manera. Ahora, sin obsesión, mejorará, pero no sanará. Esto es consecuencia de los muchos errores que cometió.

Vimos adictos encarnados, hospitalizados para desintoxicarse y espíritus a su lado, como si estuvieran encarnados para ser tratados. Llevamos todo lo que pudimos a los hospitales de los Colonia y al Puesto de Socorro.

Los cuatro días fueron productivos, hicimos mucho, ayudamos mucho, aprendimos mucho. De vuelta en la Colonia, quedamos satisfechos. Ayudar es bueno para nosotros. La clase de conclusión fue hermosa, todos los casos fueron comentados. Marcela suspiró mientras decía:

– ¡Cómo no se practica el perdón sincero! ¡Cómo el error causa sufrimiento! ¡Cómo nos lastimamos al tomar una acción que necesita perdón!

Las preguntas no fueron muchas, porque todo lo que vimos estaba bien explicado. Pero siempre hay algo que aclarar. Gloria preguntó:

– Frederico, una buena persona puede estar obsesionada por un espíritu que piensa que está herido, pero en realidad no fue así.

– El desencarnado puede intentar acercarse, pero si el otro es bueno, las vibraciones difieren de tal manera que no puede actuar. Además, si el encarnado comienza a ser perturbado, si uno es bueno siempre recibirá ayuda, ya sea de otros encarnados o de los desencarnados.

– Y si el encarnado no es tan bueno, pero no le hizo nada malo al desencarnado, aunque cree que lo hizo, ¿igual puede obsesarlo? – Gloria preguntó de nuevo.

– Una obsesión sin mayores consecuencias a veces no es tan dañina como piensas.

A menudo estas personas buscan ayuda en los centros espíritas. Si la persona no es tan buena, puede ser obsesada. Pero si el encarnado, siendo inocente, no aceptará. Él tiene su libre albedrío. Lo que hace que el espíritu sea obsesado es que el encarnado acepte que tiene una conciencia pesada.

– ¿La chica de la bola de fuego sanará por completo? – Preguntó Ilda.

– Creo que sí. A menudo, al eliminar al obsesor, el cuerpo físico se recupera pronto o, al menos, la enfermedad se controla.

– Vimos muchos obsesores perturbados. ¿Qué les pasará a ellos? – preguntó Laís.

– Llegará el día en que recibirán ayuda, allí se someterán a tratamientos. Cuando estén curados, estudiarán o reencarnarán. Pero mientras deambulan, son perturbadores y perturbados.

– No pudimos traer a todos los obsesores, ¿por qué? – Preguntó Cida.

– Sería bueno curar a todos, ayudar a todos. ¿Pero funcionaría eso? No, continuarían cometiendo errores. ¿Y para el error no hay reacción? Pudimos atraer a aquellos que lograron que la ayuda fuera necesaria. Discutimos con todos, algunos querían, otros no. Solo forzamos a la ex esclava, porque el encarnado se lo pidió. Se analizaron las solicitudes que llegaron al Departamento de Pedidos y se concluyó que era hora de separarlas. ¡Qué bueno si pudiéramos servir a todos! Pero como esta vez hemos traído a muchos, habrá muchos otros. Gradualmente, todos querrán ayuda. Solo que allí habrá otros. Pero el sufrimiento es agotador, y los obsesores también sufren.

Medité mucho sobre estos problemas que afectan a muchos, como la obsesión, y concluí:

– ¡Y no seguir las enseñanzas de Jesús! El que ama a su prójimo no le hace daño. Quien ama a los demás no lo persigue. ¡Quien ama vive en armonía!

13.– Pedidos

La clase teórica era pequeña. doña Isaura nos explicó que estudiaríamos las peticiones que los encarnados y desencarnados hacen a los santos, almas o espíritus, a Jesús, a Nuestra Señora, etc. Hay tantas solicitudes que en las Colonias hay departamentos donde se estudian y se envían a los equipos que los atenderán.

– Estas solicitudes se hacen a veces con fe, a veces buscando facilidades entre los encarnados – dijo doña Isaura –. Algunos son atendidos a tiempo, otros dependen del tiempo. Por ejemplo: cuando un hombre se encuentra en peligro, le pide ayuda a María, la madre de Jesús; cualquier buen espíritu a su alrededor puede servirle. Los que proporcionan estas gracias son equipos de espíritus en nombre de cualquier entidad. Eso no importa. Los honores a los encarnados solo son importantes para ellos. Para nosotros, trabajadores del bien desencarnados, solo importa el bien que hacemos.

– ¿Está mal hacer promesas? preguntó Gloria.

– Muchos lo hacen de buena fe, pero es hora de comprender que los bienes materiales no pueden intercambiarse por favores espirituales. Es muy tacaño: tú haces esto, yo hago eso. Puede pedir, pero sabiendo que, si fuese atendido, no necesitará dar nada a cambio. Bastará dar gracias.

– ¿Qué es correcto pedir? – Ivo preguntó.

– Lo más seguro es hacerlo por ti mismo. Pero uno puede pedir mejorar, tener paciencia, tener fuerza, sabiduría, intercambiar vicios por virtudes. Esto es más factible.

– Mucha gente hace promesas –, dijo Joaquim. Mi madre hizo una para que yo la cumpliera, pero desencarné y no la hice. Entonces ella pensó que estaba en el infierno. Ella sufrió y me transmitió su agonía. El sacerdote le aconsejó que lo hiciera ella misma. Mamá obedeció y me dio tranquilidad. Sufrí mucho cuando ella me imaginaba en el infierno.

– El incumplimiento de lo que se prometió incomoda a sí mismo. Conozco personas que desencarnan y no tienen paz, deambulan con angustia por no haber cumplido una promesa. Otros no cumplieron e incluso lo olvidaron; cuando son rescatados, aprenden que este hecho no interfiere con la ayuda cuando desencarnan. Los buenos espíritus no cobran. Es nuestra costumbre cobrarnos a nosotros mismos. Pero, como prometemos, intercambiamos favores, recibimos ayuda del otro, es honesto mantenerlo. No puedes prometer nada para que alguien más lo cumpla. No somos responsables de los pedidos y promesas de otros.

Cuando los terrícolas evolucionen más, no habrá promesas.

– ¿Hay quienes hacen promesas cuyo cumplimiento es la mejora interior? – preguntó Lauro.

– Muy pocos. ¡Prometen mucho y, a veces, cosas muy difíciles de cumplir! Raramente prometen mejorar o, dejar un vicio.

En la clase práctica, visitamos el Departamento de Pedidos. No son iguales y varían mucho de una Colonia a otra. En Colonias grandes, o en aquellas cercanas a donde, en el plano físico, hay peregrinaciones, estos Departamentos son grandes. En la Colonia de San Sebastian se encuentra dentro del edificio de Religiones y cuenta con cuatro amplias salas. La primera se ocupa de las solicitudes de los desencarnados. Sin la ropa física, se requiere mucho menos. No se hacen promesas, pero te educas por la gratitud. Allí, en esta sala, llegan solicitudes de personas desencarnadas de la Colonia y los Puestos de Socorro. Son solicitudes para cambiar de trabajo, vivienda y, muchas, para ayudar a sus seres queridos, desencarnados o encarnados.

Las otras tres salas están destinadas para atender a las solicitudes de los encarnados. En la primera, se separan y se envían a las otras dos, para ser analizados; luego, regresan a la sala original, para ser enviados a los rescatistas o los espíritus que trabajan en ese Departamento, es decir, aquellos que pueden ser atendidos se separan.

Como no hay muchos pedidos sin promesas, la segunda sala es pequeña; en ella, se analizan los llamamientos conscientes, sin promesas. Muchos son atendidos. Esta habitación es muy bonita, tiene lindos cuadros en la pared.

Todo el Departamento está pintado de amarillo claro y decorado con muchas macetas. La tercera sala, es muy grande y cuenta con varias mesas, es para quienes piden CON promesas. Los pedidos están separados allí, y las mesas tienen carteles con los nombres de Santos, Jesús, Almas. Los dirigidos a la Virgen María son numerosos. Luego se separan en viables e inviables. Aquellos considerados inviables no se cumplirán, como casos de solicitudes de tener o no lluvia, para la victoria de equipos deportivos, para ganar la lotería etc. Los viables son aquellos que pueden cumplirse, en parte o totalmente. En este caso, los pidientes son visitados por trabajadores del Departamento, quienes luego dan su opinión final. Si se aprueba, los trabajadores lo atienden y la persona obtiene la gracia, entonces el pidiente debe cumplir lo prometido.

Todo consiste en tarjetas bien organizadas. En ellos está el nombre de la persona que pide, la dirección y lo que se pretende. Cuando se realiza la solicitud, los del Departamento toman notas. Por ejemplo: si la persona pide en una iglesia, un trabajador lo registra y lleva el pedido al lugar apropiado. Pero hay solicitudes que llegan directamente al Departamento. El pensamiento actúa como un teléfono, como si el pidiente fielmente se comunicara. Este no es el caso con todas las personas, pero es suficiente tener fe para que esto suceda. Dudar es cortar la conexión.

– Es por eso que muchas personas llaman a las personas que consideran buenas, que tienen fe, para rezar por ellos – dijo Zé.

La mayoría de las solicitudes se originan en lugares como iglesias, cementerios, en sus propios hogares, etc. se anotan y se llevan al Departamento. Y esto lo hacen no solo los que trabajan allí, sino también cualquier buen espíritu y, a veces, son espíritus familiares o trabajadores de cualquier otro sector. En los cementerios, los rescatistas de allí mismo toman nota.

Teníamos curiosidad y estábamos viendo todo, cuando un supervisor de la casa nos dijo amablemente:

– Pueden leer los pedidos, pero luego póngalos en el mismo lugar.

Me maravillé al ver la cantidad. Tomé algunos que eran tan viables. Hubo pedidos como dejar de fumar, que aceptaran al niño que no habían amado. También hubo notas de sugerencias para rescatistas.

Se analizó el historial de la madre, pidiéndole a Nuestra Señora que la ayudara a amar a su hijo, y vieron que madre e hijo eran enemigos en el pasado y que, en esta encarnación, estaban juntos para reconciliarse. La ayuda consistió en hablar con ella mientras el cuerpo dormía y hacerle entender la necesidad de aceptar al niño. Envolverla en pensamientos diarios durante seis meses, alentándola a perdonar y dar cariño.

– ¿Funcionará? – Le pregunté a un trabajador, mostrándole el archivo.

– Creo que sí. Dependerá de si ella acepta nuestras instrucciones – respondió él, amablemente.

Se pide mucho, y el montón de solicitudes inviables era grande. Tomé algunos para leer. En uno, una señora suplicó a las almas del purgatorio para ayudar a su esposo a no descubrir que ella lo había traicionado; rezaría tres tercios en el cementerio.

En otro, un muchacho le pidió a Santo Antonio que lo ayudara a casarse con una joven rica y hermosa; él iría a misa una vez al mes durante toda su vida.

Por otro lado, una joven le rogaba a la Virgen María que la liberara de quedar embarazada, estaba soltera.

Algunos, inviables, insistían con las peticiones a varios santos a la vez y con promesas increíbles.

El asesor del Departamento nos explicó amablemente:

– Respetamos todas las formas "de creencias y todas las formas de pedir." Si llegaron aquí es porque fueron hechos con fe, aunque sabemos que muchos no tienen base en la fe razonada. Incluso respetamos los pedidos de encubrimiento de errores, como el pedido de protección a Nuestra Señora Aparecida para no ser arrestado mientras robaba. En él, hay más ignorancia que maldad.

Marcela leyó en voz alta las palabras de un traficante de drogas que pidió protección para que no lo descubrieran y arrestaran.

Prometió dar una gran cantidad de limosnas a los pobres. El asesor aclaró:

– Cada vez que este solicitante está a punto de recibir un envío de drogas, hace una promesa similar.

No lo ayudamos, no podemos ayudarlo como lo desea, entonces su solicitud queda sin efecto. Prometió por un tiempo y, como no fue arrestado, pagó la promesa. Ya hemos tratado de ayudarlo, alentándolo a cambiar su forma de vida, para detener el tráfico. Pero, desafortunadamente, eso no es lo que quiere, porque le gusta lo que hace.

Después de analizar todo, salimos con un grupo de rescatistas que atenderían algunas solicitudes.

El primer caso fue el de un caballero pidiéndole que sane. Estaba en el hospital, tenía cáncer avanzado.

No conseguiría que su cuerpo sanara, su solicitud no sería concedida, pero lo ayudarían de otra manera. Los rescatistas lo ayudarían y lo alentarían a tener buenos pensamientos y a resignarse. El equipo lo visitaría todos los días, hasta que desencarnara. Sintió nuestra presencia y recibió los fluidos donados, se calmó y se durmió. Otra súplica nos conmovió. Una niña de ocho años sin madre quería que su madre volviera.

– ¿Pero no es eso inviable? – preguntó Gloria

– La solicitud, sí –, respondió Frederico, pero no la ayuda. Los rescatistas también la visitarán, durante cierto tiempo, todos los días, confortándola y ayudándola a aceptar la desencarnación de su madre.

Otra señora quería ayuda, porque se sentía mal, sin aliento. A su lado había un hombre desencarnado vampirizándola. Los equipos de rescate se hicieron visibles para él, hablaron y lo convencieron de ir a un Puesto de Socorro.

Luego fuimos a ver cómo se escriben los registros. Fue en una iglesia. Esa tarde, estaba casi vacío. Solo un buen trabajador estaba allí. Nos acercamos a una señora que rezaba con fe, al pie del altar del Corazón de Jesús. El trabajador del bien tomó su pedido mientras rezaba. Quería que su hijo pasara la escuela.

– ¿Será atendida esta señora? – Ivo le preguntó al trabajador.

– Los trabajadores del departamento pueden ir hacia su hijo y animarlo a estudiar. A veces, puede tener un problema de salud o alguna persona desencarnada que lo molesta. En este caso, se aconseja a la madre, en forma de intuición, que busque un médico o un Centro Espírita. Conociendo la causa, los trabajadores pueden encontrar una solución. Pero si es pereza, solo se puede alentar. Nadie hará lo que depende de ellos: estudiar.

Luego fuimos a un lugar de peregrinación. Allí, muchas personas pagaban promesas o pedían gracias. Las súplicas eran diversas: querían obtener facilidades, riqueza. Algunas eran conmovedoras: pedían salud, mejorar el carácter.

Estos últimos, de hecho, generalmente se hicieran para otras personas, como la esposa que deseaba que el compañero dejase la bebida y el hijo, la droga.

En los lugares de peregrinación hay grandes equipos de trabajadores. Los pedidos se envían normalmente a un departamento de la Colonia. Si el lugar es muy popular, el Departamento está allí, como en Aparecida do Norte. Un gran equipo trabaja allí, donde se toman pedidos y luego se llevan a las salas construidas en el Plano Astral, como continuación de la construcción del material.

– ¿Los lugares de peregrinación son atacados por los hermanos del Umbral? – Preguntó Cida.

– Sí, por eso los trabajadores también son guardias, y el lugar está equipado con rayos eléctricos – respondió Raimundo.

– ¿Qué pasa si el rayo cae en un encarnado? – Joaquim preguntó.

– Nada, solo afecta a los desencarnados – continuó Raimundo para dilucidar –. Los trabajadores locales pueden lidiar con estos rayos, y no hay contratiempos.

Debido a que muchas personas vienen de lejos, de diferentes partes del Brasil, los rescatistas luego van a sus hogares. Todas las peticiones reciben respuestas.

Vimos a un hombre pedirle que ganara un auto en el sorteo. Los trabajadores no iban a interferir en el sorteo.

Pero sí, a animarlo a pensar más en lo espiritual.

En tiempos de grandes peregrinaciones, el lugar recibe ayudantes adicionales. Es conmovedor estar allí escuchando las súplicas. ¡Hay tanta gente con fe!

No trabajamos durante el estudio que hicimos, solo observamos.

Regresamos a la Colonia. La clase de conclusión, como siempre, sirvió para responder preguntas. Joaquim fue el primero en preguntar:

– ¿Cómo es la ayuda a solicitudes que requieren tiempo, como la de un caballero que pidió protección a su nieto que acaba de nacer?

Frederico respondió:

– Eso no es viable. El recién nacido no tendrá protección especial debido a la solicitud. Ayuda, en todo momento, todos lo tenemos. Pero la petición de otra mujer que reza toda su vida por una buena muerte o desencarnación, entonces allí sí lo es, cuando llegue el momento, tendrá ayuda. Si es bueno, tendrá una ayuda más profunda, si no, solo asistencia para desligarlo y darle las primeras pautas.

– Una señora le pidió a Nuestra Señora con fe que ayudara a su esposo desencarnado. ¿Cómo se hace la ayuda? – Preguntó Rosalia.

– Los rescatistas pueden buscar y averiguar dónde está el cónyuge. Si está bien, no se hará nada. Si estás sufriendo, se analiza el caso. Es posible que no desee ayuda en este momento, por lo que no recibirá ayuda y la solicitud no se puede otorgar. Pero si él sufre y quiere ayuda, recibirás ayuda.

– Vimos a una señora que hace demasiadas promesas, por nada. ¿Qué le pasará a ella?- Ivo preguntó.

– Actúa mal; ya han intentado instruirla, guiarla para cambiar. Los pedidos del día a día siguen su curso. Los trabajadores no pueden perder el tiempo en esto. Queremos que cambie, pero si no lo hace, no le pasará nada. Hemos visto que no actúa de mala fe.

– Se pide mucho que llueva o no llueva – Dijo Ilda - ¿Todos son inviables?

– Sí, todos.

– Me impresionó una señora quien rezó para morir, para desencarnar – dijo Lauro.

– La solicitud no es viable, pero ella recibirá ayuda. La alentarán a querer vivir encarnada, tratarán de que alguien, encarnado, hable con ella y la ayude. No se desencarnará fuera de tiempo. No se puede ayudar a nadie a desencarnar así.

– En caso de peligro, ¿la orden pasa por el Departamento? – Preguntó Cida.

– No, los buenos espíritus siempre están tratando de ayudar de cualquier manera posible.

– ¿Qué pasa si no hay nadie alrededor? – preguntó Cida nuevamente.

– Las palabras permanecen en el aire y pueden ser recogidas por buenos espíritus en un radio de kilómetros. La solicitud puede ir al Departamento en cuestión de segundos y el personal allí notificará a un equipo que trabaja en la Tierra.

Volitando rápido, el rescate ocurre de inmediato.

– Solo las súplicas hechas con fe van al Departamento, ¿verdad? – Preguntó Teresita.

– Sí. No te imaginas cuánto piden. Pero los que son pedidos sin fe no llegan al Departamento.

– Si alguien hace una promesa y el pedido no es para el Departamento, pero resulta ser exitosa; ¿La persona tiene que cumplir la promesa? – Preguntó James.

– Quien haya hecho la promesa no sabrá este detalle. La promesa incumplida molesta a uno mismo. Las promesas de los pedidos a los que atiende la gente del Departamento, en nombre de Jesús, María, los santos, etc., no importan si llegan a ser cumplidos o no. Para los trabajadores es suficiente hacer el bien, hacer un buen trabajo.

– ¿Hay espíritus que exigen promesas? – preguntó Marcela.

– Hay promesas hechas en terreiros, a ciertos espíritus, a las almas del "Purgatorio". Los que responden son espíritus aun no aclarados. Dan la ayuda que pueden, pero quieren que les pague y generalmente cobran.

Las preguntas terminaron y Frederico terminó con estas palabras:

– Cuando la Tierra evolucione, este intercambio de favores cesará. Las peticiones serán una ayuda para mejorar. Sin embargo, ya hemos aprendido que cada uno debe hacer por sí mismo lo que corresponde.

14.– El Umbral

Teníamos algunas horas libres antes de comenzar el nuevo tema de estudio: El Umbral. Aproveché la oportunidad para meditar, y me vinieron a la memoria los recuerdos... Recordé lo que mi padre nos dijo una vez en la calidez de nuestro hogar, sobre el Umbral. La naturaleza no se desvía del camino de la mejora, de la manifestación divina. Dondequiera que miremos, hay evolución, incluso lenta, pero constante. Nos parece que, solo a nivel hominal, existe la posibilidad de rechazar este crecimiento, aunque muchos no lo admitan. Pero si no hay evolución, hay estancamiento en el plano mental egoísta. Es una verdad clara, expuesta de manera tan agresiva en las regiones del Umbral, que nos hace temblar.

Parece ser el hogar de todas las miserias imaginables. Espíritus que se convierten en harapos humanos, cultivando promiscuidad, miedo, miseria y explotación entre los más inteligentes y violentos entre ellos.

La naturaleza siempre parece estar frunciendo el ceño y disgustada, porque el día nunca amanece por completo y la oscuridad es constante. A veces, tormentas violentas azotan estas regiones, en un esfuerzo supremo para aliviar, limpiar las acumulaciones de miasma y oscuridad creadas por un hombre profundamente egoísta.

Allí se reúnen, en una deprimente convivencia, espíritus negligentes que, en la Tierra, no estaban preocupados por el crecimiento espiritual, porque si no hacían el mal, tampoco hacían el bien, y de esta manera crearon deudas. Porque, cuando puedes crecer espiritualmente, debes hacerlo, así podemos reflejar la luz, la armonía, la bondad y la fraternidad de Dios.

El Umbral ciertamente no es un lugar agradable. Si la mayoría de los encarnados tuvieran una idea de cómo es vivir en él, incluso si solo es por un tiempo determinado, sabrían usar más el período de encarnación para aprender, vivir en la bondad y cambiar internamente, haciéndose dignos de mejores de tener un mejor hogar cuando desencarnen.

Nunca pensé en ver tantas cosas diferentes como las que había en la conferencia del Umbral. Las películas fueron separadas por elementos. Primero, vimos películas sobre vegetación. En el Umbral siempre es pequeño y no está formado por muchas especies. La mayoría de los árboles están retorcidos, con troncos gruesos y no demasiado altos. En algunos lugares, hay maleza que recuerda a las hierbas y pastos de la Tierra. Sirven como alimento para muchos espíritus que viven allí. La vegetación varía según las diversas regiones del Umbral. Primero vimos el de nuestra región, luego el del Brasil y, finalmente, el del mundo.

Luego mostraron algunas especies de animales, como aves, que también son de unas pocas especies, desprovistos de belleza, pero útiles.

Vimos las diversas formas de cavernas, cuevas y abismos en el Umbral.

– Todo esto existe porque hay quienes viven en él – dijo doña Isaura.

Las películas mostraran los diferentes tipos de habitantes del Umbral, que se pueden dividir en grupos. Los jefes, que son espíritus inteligentes, generalmente estudiosos de la magia, ansiosos por dominar, casi siempre odian lo bueno y los buenos. En su mayoría son hechiceros. Por lo general, los grandes jefes se parecen a los humanos. Con formas extravagantes, solo se presentan los subjefes y subordinados.

Hay quienes trabajan con los jefes, los miembros del grupo, la pandilla. Muchos de ellos también son estudiosos, hechiceros, expertos en leyes naturales. Obedecen las normas del grupo. Aunque se consideran libres, en realidad no lo son, porque no abandonan fácilmente el grupo y reciben castigos por desobediencia. Dicen que les gusta lo que son y la forma en que viven.

Los espíritus solitarios también se encuentran en el Umbral, pero son pocos. La mayoría de ellos viven en grupos. Hay quienes deambulan, en grupos de alborotadores, entre el Umbral y la Tierra.

Hay esclavos, los que no pertenecen a la pandilla, trabajan, no reciben nada a cambio, a no ser castigo si no obedecen.

También hay quienes son torturados y tratados así, principalmente por venganza.

Así como hay quienes dicen que les gusta, también hay quienes consideran que el Umbral es un infierno, sufren de vagar sin rumbo, sufriendo por sus errores.

Se agrupan en ciudades, pueblos pequeños o núcleos. Vimos muchas ciudades en las películas, todas tienen la misma base. El mejor edificio es para el jefe, es el lugar para las fiestas y la sala de juicio o audiencias, la mayoría de ellas tienen una biblioteca con libros de magia y temas obscenos. La mayoría de los libros y revistas también se publican en la Tierra.

Solo los encarnados tienen libros y revistas que son buenos y malos, mientras que allí solo están los malos. Vimos, asombrados, grandes ciudades con muchos habitantes esclavos.

El Umbral de las Américas es más suave, en comparación con Europa y Asia. El Umbral del viejo mundo está más cerrado, tiene enormes y horribles abismos.

Vimos muchas películas sobre cada Umbral en otras regiones, porque en la clase práctica solo visitaríamos la de nuestra región.

– ¿Por qué es permitido que existan estos jefes? – Preguntó Rosalia, impresionada por el poder que tienen.

– Todos tenemos nuestro libre albedrío – respondió Raimundo. Somos lo que queremos ser. Se nos permite todo, pero no todo nos conviene. Son espíritus ávidos por el encanto del poder.

– ¿No sería interesante para un equipo de buenos espíritus adoctrinarlos? – Preguntó Rosalia nuevamente.

– Aparecerían otros. Muchos esperan una vacante para un jefe. Entre ellos siempre está la disputa por el liderazgo. Solo cuando muestran signos de cansancio hay una oportunidad para el cambio. Pero ellos, siendo inteligentes, saben que algún día tendrán que cambiar.

– ¿No temen ser expulsados de la Tierra cuando cambie de un planeta de expiación a uno de regeneración? – preguntó Ivo – ¿O no lo saben?

– Lo saben, pero siempre piensan que hay tiempo, que este hecho llevará tiempo. A otros no les importa, porque el poder se les sube a la cabeza. Sabemos que nosotros, una gran parte de los terrícolas, fuimos expulsados de otro planeta, que pasó de un mundo de prueba a un mundo de regeneración, y aquí comenzamos a aprender nuevamente. También en la Tierra habrá una selección y solo estarán los buenos y aquellos que tengan la intención, con buena voluntad y sinceridad, de ser buenos.

El Umbral no es agradable de ver en las películas. Saber que eso es realidad y que nuestros hermanos están allí me entristeció por un momento.

Luego medité sobre lo que dijo doña Isaura:

– Umbral no es sinónimo de sufrimiento ni de felicidad, es un lugar transitorio. Es un entorno creado por el mal uso de la mente humana. No todos encuentran al Umbral triste y feo, a muchos les gusta vivir allí. Los gustos son diferentes, a algunos les gusta limpiar, a otros les gusta la suciedad. Algunos prefieren la verdad, otros prefieren la ilusión y la mentira. Entonces, nadie está allí para castigar, sino para vibrar como el medio ambiente. Los que sufren no están allí para siempre, hay ayuda.

La clase teórica fue genial, vimos mucho sobre el Umbral, hay mucho que ver y estudiar. No profundizamos, porque nuestro tiempo de estudio fue solo para conocer lo principal. El Umbral es inmenso, del tamaño de los continentes. Donde haya un núcleo de encarnados, también habrá un buen y un mal espacio espiritual.

Los núcleos son agrupaciones de espíritus. Me sorprendieron algunos núcleos, como el de los suicidas, que casi siempre están en los valles y son visitados tanto por los rescatistas como por los malos, que atormentarán aun más a los que viven allí.

Los drogadictos están casi siempre en pueblos pequeños. Pero en ciertos lugares son ciudades grandes, cerradas y ocupadas, donde tienen grandes fiestas. El lugar donde están los drogadictos de la región se llama el Valle de las Muñecas. Allí hay casas y un gran laboratorio. Vimos, en películas, cómo es adentro, incluido el laboratorio.

Otros grupos similares sintonizan y forman núcleos de ladrones, asesinos, etc.

Volvimos a estudiar el Umbral de nuestra región. Vimos el mapa y todo lo que está marcado y dividido en partes numeradas por sector, para que los rescatistas tengan su trabajo más fácil.

En nuestra región, hay una ciudad Umbralina de tamaño mediano con muchos núcleos. La mayoría de ellos son nombrados por sus habitantes. Algunos son interesantes, otros ridículos u obscenos. Hay un núcleo de alcohólicos llamado Barril Grande. Tiene algunas casas empalmadas unas a otras. El jefe, y otros esclavos viven allí, pero no hay torturados. A sus habitantes también les gusta deambular entre los encarnados y emborracharse con ellos.

No me sentía muy entusiasmada con la clase práctica. Sabía que tenía que conocer el Umbral y, para mí, no fue alentador. Pero existe y no puede ser ignorado.

Salimos por la mañana, en transporte, a Refugio Caridad y Luz. Nos quedamos allí por unos días, de visita durante el día y descansando por la noche. Pero también caminamos por dos noches en el Umbral. El primer día, nos fuimos alrededor del Puesto. En estas excursiones, ayudaríamos a quienes sinceramente nos pidieran ayuda.

Allí, el suelo está diversificado, a veces con barro, a veces resbaladizo o seco. Nos pusimos la ropa especial que ya mencioné y nos pusimos guantes gruesos. Muchos espíritus van al Umbral sin nada en particular, vistiéndose normalmente, pero para nosotros, por tratarse de estudio, se nos recomendaran estas prendas. Flor Azul en estas excursiones estaba cerca de mí, pero nuestro amigo trabajó duro, siempre alegre y feliz.

Ver en persona, el Umbral, mientras se estudia es diferente de escuchar, hablar, leer una narración, o ver películas. También difiere según el gusto del narrador. Aunque sé que su existencia es útil y necesaria, me pareció un lugar feo y horrible. Di gracias, muchas veces, por no deambular, en mi desencarnación, por estos parajes y por conocerlo solo en el estudio.

El Umbral sigue el ritmo de la Tierra, si en la región de los encarnados es de día o de noche, llueva o no, si hace frío o calor, allí sucede lo mismo.

En el Umbral, el olor es desagradable, huele a tierra, barro podrido y moho. El aire es pesado y sofocante.

En su parte más agradable es la región donde se encuentra el Refugio Caridad y Luz, allí la vegetación es mayor, y más escasa en las zonas más recónditas. En las cavernas, cuevas, no hay vegetación y si la hay es muy poca.

Cada uno de nosotros llevaba una mochila que contenía una linterna, una pequeña red de seguridad, un mini-lanzarayos, sábanas para envolver a los rescatados, porque estos desafortunados, generalmente, están con ropa hecha jirones o, a veces, desnudos.

Podríamos hablar esta vez. Cuando escuchamos voces, gritos de auxilio, fuimos a ellos. Nos acercamos, hablamos con los necesitados, explicando en qué consistía nuestra asistencia, que serían llevados al Puesto, donde a través de la disciplina y el orden, serían sanados, pero tendrían que estar dispuestos a cambiar sus vidas. Algunos querían liberarse de allí, a veces estaban en cuevas, agujeros o en el lodo, querían asistencia social, pero no estaban dispuestos a cambiar o ir al refugio. Aquellos que no querían venir con nosotros, simplemente los sacamos de los agujeros, las cuevas o el barro, los limpiamos y los dejamos ir a donde quisieran. La mayoría deambulaba.

Durante el recorrido, nos reunimos con muchos de ellos. Algunos nos pidieran que los lleváramos a donde estaban los encarnados, y les dijimos que no podíamos. De hecho, se nos ordenó no llevarlos o enseñarles a hacer eso.

– Si van con los encarnados, los atormentarán y los vampirizarán – dijo Joaquim. Pero, desafortunadamente, los residentes aquí enseñan a muchos a hacerlo.

– ¿No saben ir solos? – Ivo le preguntó a Joaquim.

– Es muy difícil ir sin saber el camino.

Vimos a algunos guardias de la ciudad del Umbral observando a los espíritus atrapados en agujeros, barro, etc. No les gusta ser liberados, pero casi siempre se van con los buenos. Estábamos en un grupo grande. Además de nosotros, había treinta miembros más, por lo tanto, nos acompañaron tres instructores, Flor Azul y otros cinco trabajadores del Puesto. Pero algunos grupos nos atacaron, arrojándonos suciedad, barro fétido, piedras, etc. Abrimos las redes e intentamos hablar con ellos. Si no detenían el ataque, responderíamos con nuestros lanzarayos y ellos correrían.

– ¿Si un gran grupo nos ataca? – preguntó Nair preocupado.

– Las bandas más grandes no estarán interesadas en enfrentarnos – dijo Raimundo –. Pero, si sentimos la presencia de un ataque mayor, volveremos al Puesto de inmediato.

Estudiamos la vegetación, nos acercamos, pasamos la mano, fuimos a los filetes de agua, estudiamos el suelo, las piedras. Estábamos distraídos mientras veíamos las piedras, cuando Raimundo nos pidió que nos reuniéramos.

– Seremos atacados en unos minutos. Pronto escuchamos blasfemias, gritos y aullidos.

– Y al maestro tramposo que está enseñando la clase y sus estudiantes feos – dijo una voz, gritando.

– No queremos conversaciones. Se pueden defender porque vamos a atacar. ¡Ustedes descarados! No vamos a dónde vives para estudiar nada. No tienes nada que hacer aquí. ¿Quieres copiar el paisaje? ¡Hay que pagar!

Se rieron escandalosamente. Abrimos las redes y nos quedamos en silencio. Nos quedamos, Nair y yo, cerca de Flor Azul. Rosalia tenía miedo y Frederico tuvo que ampararla. Nos arrojaron varias inmundicias.

– ¿No van a parar? – preguntó Raimundo en voz alta –. ¡Estamos aquí en paz! La risa y los gritos fueron la respuesta, y continuaron atacándonos.

– ¡A los rayos! – dijo Raimundo

Algunos de nosotros disparamos con los lanzarayos. Los proyectiles despejaran el lugar. Se resistieron durante algunos minutos, se escondieron detrás de las rocas. Pero muchos resultaran golpeados, caídos, paralizados por horas. Los que son golpeados tienen la sensación de que están muriendo de nuevo. Poco a poco se retiraran, dejaron de reír, pero aun blasfemaban.

Cuando todos se fueron, mantuvimos nuestras redes.

– Confieso que tenía miedo – dijo Zé –. Si fuera una mujer, estaría apoyada contra uno de los instructores como lo hicieron ellos.

Rosalia, Nair y Patricia. Raimundo, ¿ellos no tienen un arma de fuego? Los veo con armas rudimentarias.

– Ellos son los que saben cómo hacerlo. Los espíritus inteligentes aquí en el Umbral usan sus mentes para atacar. Luego, con un arma de fuego, las balas atraviesan los cuerpos, solo hiriéndolos. Prefieren palos, cadenas, que es lo que usan y que les dan más miedo.

– No tienen redes ni rayos – observó Luís. Si es así, ¿podríamos defendernos de ellos?

– Si alguno de nosotros pierde el lanzarayo o la red, ¿sabrán cómo usarlos?

– Si uno de nosotros los pierde, es falta de cuidado. Debemos tener cuidado con nuestros objetos. Pero si eso sucede, tanto la red como los lanzarayos se autodestruirán si los usa alguien con poca vibración.

Viviendo en el Mundo de los Espíritus

– ¿No saben cómo construirlos? – Preguntó Luíza

– No saben. Pero si construyen armas similares, las usan entre sí, no nos sucedería nada si fuéramos atacados. Como precaución, usamos esta ropa y traemos nuestro equipo. Eres estudiante, aun no tienes el conocimiento para venir aquí sin estos materiales.

La tormenta que queríamos ver sucedió. Se puso más oscuro. Nos agrupamos muy cerca el uno del otro y observamos. El fuerte viento silbaba sacudiendo los árboles, entendemos por qué son bajos y fuertes.

Un rayo cortó el aire, despejándolo todo, el trueno fue violento, el ruido ensordecedor. Pronto la lluvia comenzó a caer, dejando aun más barro en el suelo. No duró más de treinta minutos. Luego el aire se volvió más ligero, menos sofocante, y el olor fue más suave.

Durante días caminamos, entramos en cuevas, descendimos en agujeros. Las cavernas o cuevas allí no son grandes, pero vimos algunas enormes en las películas. Estos lugares no eran hermosos como muchos en la Tierra. Todas son muy parecidas.

Las piedras son oscuras y sin belleza, hace frío adentro, hay un pasillo donde generalmente hay espíritus atrapados. Es bastante fácil perderse. La oscuridad es total.

Las noches en el Refugio fueron agradables, conversamos, escuchamos música, intercambiamos ideas de lo que vimos, comimos y descansamos en nuestras habitaciones o alojamiento. Los instructores y Flor Azul no se quedaron con nosotros, fueron a las salas a trabajar. Todos los días trajimos rescatados que necesitaban atención.

Salimos dos noches, pero nos quedamos cerca del Refugio. La noche en Umbral es más aterradora. Solo ves la luna, cuando está llena, siendo rojiza. La noche es muy oscura allí.

Después de conocer todo el Umbral alrededor del Refugio, salimos a pie por la mañana hacia el Puesto de Vigilancia.

15.– Conociendo Más el Umbral

No necesitábamos ir en silencio al Puesto de Vigilancia, pero solo hablábamos cuando fuese necesario; no teníamos ganas de hablar, puesto que estábamos concentrados viendo todo.

El camino no es fácil, íbamos junto al otro, prestando atención por dónde pisábamos. En la clase teórica, estudiamos el camino en el mapa y ya habíamos pasado por allí cuando visitamos el Puesto de Vigilancia. Pero necesitábamos experiencia para no perdernos en ese camino curvilíneo. Cuanto más caminábamos, más oscuro se volvía. Estábamos ayudando a los hermanos que conocimos. Ellos fueron los que cayeron en el barro, los que se arrastraron por el suelo. Nos compadecemos de todos. Algunos, incluso sufriendo, al vernos, nos gritaron insultándonos:

– ¿Qué hacen aquí? No tienen nada que mirar. ¡Váyanse!

Muchos dijeran palabras obscenas. Los grupos de alborotadores casi siempre huyen de los equipos de rescate.

Encontramos grupos como este dos veces, que huyeron escandalosamente haciendo un alboroto. Los más inteligentes simplemente se detienen y miran, no insultan, guardan silencio. Los matones, a quienes les gustan las peleas, se enfrentan a los grupos de rescate, pero al primer impacto de los rayos, corren gritando e insultando.

En el camino, dimos la bienvenida a veintitrés enfermos y los llevamos al Puesto. Algunos iban amparados, otros en camillas.

De esos veintitrés, cuando llegamos al Puesto, cinco dijeron que no querían quedarse. Pero antes de dejarlos ir, los aseamos y vestimos; a los heridos, les hicimos vendajes, los alimentamos y luego los dejamos ir. Los dieciocho restantes fueron aseados y enviados a las salas.

Un hecho interesante: uno de los que no se quedó, a pesar de estar limpio y alimentado, lo encontramos días después, reconociéndolo por su ropa, estaba con un grupo que nos insultó.

Siempre llegábamos a la estación cansados y, después de asearnos y comer, escuchábamos música y conversábamos.

No trabajábamos en el Puesto, solo los instructores lo hacían.

Cierto día vimos una gran tormenta, cuando nos encontrábamos en el Umbral, cerca del Puesto de Vigilancia. Fue aterrador. Un rayo atravesó el lugar con enormes destellos. Los grupos corrían, asustados, de un lugar a otro sin saber a dónde ir. Muchos se nos acercaron, pero cuando la tormenta se calmó, huyeron.

– ¿No hay peligro de que un rayo golpee a alguien? – le preguntó Lauro a Frederico.

– No. Los rayos no hacen ningún daño. Queman fluidos nocivos. Nuestras fundas nos protegen de ellos. Pero, si cae sobre uno de los vagabundos, recibirá la carga eléctrica que lo hará perder el sentido, ya que no puede desencarnar nuevamente[2].

El deseo que da cuando uno camina por el Umbral es ayudar a todos; sin embargo, las frutas verdes no se aprovechan. No todos quieren la ayuda de los buenos. No es posible tomar a los que no quieren, puesto que serían perjudiciales para los Puestos y las Colonias. Cuando aspiras sinceramente a pedir ayuda, siempre tendrás a alguien que te ayude.

---

[2] Nota de la Autora Espiritual: Las tormentas ocurren en el Umbral como lo hacen en la Tierra. Si podemos predecirlas aquí, también en los Puestos de Socorro. No son enviadas por el Plano Mayor, pero pueden ser, a veces, por necesidad. Las tormentas son parte de la vida cotidiana del Umbral.

Entramos a un hoyo. Pusimos las linternas en nuestras frentes y descendimos con cuerdas, las cuales atamos a un dispositivo que fijamos al suelo. Todos bajamos, solo Raimundo se quedó allí. Después de unos minutos, encontramos una gran pendiente de unos diez metros. Hubo espíritus que se apresuraron a recibirnos pidiendo ayuda. Los organizamos para subir. Eran ocho. Cinco lograron ir solos, uno necesitaba que uno de los trabajadores del Puesto lo pusiera de espaldas. Dos, inconscientes, tuvieron que ir en una camilla, la cual atamos a las cuerdas y levantamos. Allá arriba, Raimundo les habló y les explicó cómo sería la ayuda y que, si quisieran, podían irse. Solo los inconscientes fueron tomados sin preguntar. Muchos se quedaron con nosotros, pero la mayoría casi siempre se iba sin agradecer.

Continuamos hacia abajo y nos detuvimos en una cueva. La oscuridad era total. Entramos, no era grande, había seis espíritus allí, tres de los cuales pidieron quedarse. Eso fue extraño. Todos pregúntaron:

– ¿Por qué?

Doña Isaura simplemente respondió:

– A ellos les gusta. Cada uno debe tener su razón para no querer irse de aquí.

Seguimos descendiendo, llegamos al final. Era una zanja y había tres espíritus atados con cuerdas; los dejamos ir

– ¿Quién los arrestó? ¿Por qué? – Quería saber James.

Dos maldijeron a sus verdugos y nos pidieron en nombre de Dios que los castigáramos. El tercero estaba en silencio.

Doña Isaura respondió:

– Por eso están aquí, para maldecir. Y ciertamente para peleas. Podemos liberarlos, llevarlos a la cima, pero no al Puesto. Dirigiéndose al que estaba en silencio, doña Isaura preguntó:

– Y tú, ¿no quieres vengarte?

– No, señora, quiero ir con usted. Sufro y estoy cansado.

– ¡Cobarde! – Dijo uno de los dos.

– Irás con nosotros – dijo nuestra instructora.

En esta excursión vimos otros hechos como este. Al ser rescatados, nos pidieron que los venguemos, que arrestemos a sus verdugos allí mismo.

Volvimos a subir, el hoyo era profundo, pensé que era horrible y supe que era uno de los pequeños.

Esa noche, Flor Azul se quedó con nosotros por un tiempo, dijo que en China el Umbral es más aterrador y que hay lugares tan cerrados que los rescatistas rara vez van allí.

Un rescatista del Puesto nos explicó:

– Aquellos que liberamos del agujero y que no vinieron con nosotros pronto estarán involucrados en nuevas peleas y, muchas veces, serán arrestados nuevamente. Solo en viajes de estudio son liberados; como los que hacemos a diario. Nosotros solo vamos a quienes piden ayuda.

El día siguiente, entramos a una gran cueva. Atamos cuerdas alrededor de nuestra cintura para no perdernos.

No entramos en los lugares más bajos. Sacamos muchos espíritus, pero ayudamos a pocos.

Fuimos a ver algunos núcleos de cerca. Todos son más o menos lo mismo: pequeños pueblos, con pocas casas agrupadas. Están ocupados Algunos núcleos están encerrados por altos muros. No nos metimos en ninguno. Ese día, Artur vino a hacernos compañía. Artur es el compañero de trabajo desencarnado de mi padre. Él me agrada mucho.

Alegre, riendo, nos saludó sonriendo y dijo que nos acompañaría en la excursión en el Umbral.

Nos alegramos.

En un lugar lleno de piedras, escuchamos el ruido de una gran banda acercándose. Nos reunimos en un círculo. Flor Azul estaba a mi lado y cada instructor también estaba cerca. Un gran grupo de unos trescientos residentes del Umbral se detuvo frente a nosotros. Estaban callados y uno de ellos dijo:

– ¿Es ahí donde está la hija del hechicero José Carlos?

Ya había escuchado a espíritus referirse a mi padre con desprecio, llamándolo hechicero.

Artur dio un paso adelante y se detuvo ante ellos, cruzó los brazos sobre el pecho y respondió:

– Sí, ¿por qué?

Rayos de luz salieron de su mente y los golpearon con fuerza. Durante segundos recibieron los rayos de luz, luego, asustados, estallaron en gritos. Artur regresó a nuestro grupo tranquilo:

– ¿Continuamos?

Todos teníamos curiosidad y lo rodeamos preguntando:

– ¿Qué pasó? –Muchos preguntaron a la vez.

– Supimos que iban a atacarlos y vine a ayudarlos – dijo Artur, tan tranquilo como siempre.

– ¿Querían a Patricia? – Preguntó Nair, sorprendida.

– Solo pretendían asustarla.

– ¿Por qué? – preguntó Ivo.

– El padre de Patricia es un orientador espírita y perturba a los ociosos, quienes por un tiempo prefieren el camino del error. Pensaron que podían asustar a su hija, pero olvidaron que los encarnados que trabajan para bien tienen a los desencarnados buenos para ayudarlos.

– ¿Volverán? – preguntó Luíza.

– No creo. Pero continuaré con ustedes hasta el final del estudio del Umbral.

– ¿Tenías miedo, Patricia? – preguntó Zé.

– No, me sentí tan tranquila como siempre – dije, mirando a Flor Azul.

¿Cómo no poder confiar si tenemos la compañía de los tres instructores, Flor Azul y Artur? De hecho, Artur nos ofreció su compañía en las excursiones que hicimos al Umbral, no se estaba quedando en el Puesto. Siempre estaba en silencio y respondía cuando se le preguntaba, siendo amable con todos. Artur es sencillo, nadie adivina de lo que es capaz.

Por eso lo admiramos y le estamos agradecidos.

Los samaritanos salieron con nosotros. Conocen el Umbral mejor que sus residentes. Es bueno salir con ellos. Nos llevaron al pantano número dos, llamado así porque es una región con mucho lodo. Es difícil acceder al lugar, hay que bajar mucho y hay muchos abismos. Bajamos y rescatamos a los hermanos necesitados, pero solo unos pocos irían al Puesto, la mayoría solo serían sacados de allí. El lugar es feo, hay mucho barro, poca vegetación, oscuro y maloliente. Ya era tarde para regresar, pronto sería de noche, fue entonces que Frederico, doña Isaura y Raimundo se unieron en sus pensamientos e hicieron un camino de luz. ¡Era lindo! ¡Maravilloso! Era un camino inclinado de luz amarillenta.

Estábamos caminando sobre eso. Fue extraño y fenomenal. Fue como caminar en el suelo. Después de caminar durante horas en terreno irregular, fue agradable caminar por la pasarela de luz. Los tres instructores se adelantaron y formaron una pasarela dos metros frente a ellos, íbamos detrás con los rescatados y, al pasar, la pasarela estaba desapareciendo.

Tuvimos que ayudar a mantenerlo con buenos pensamientos. Fuimos cantando. Pronto estábamos en tierra firme y cerca del Puesto de Vigilancia. Desde la distancia, la pasarela, aunque de color amarillo claro, parecía un arcoíris.

Al día siguiente, Raimundo le pidió permiso al jefe del Umbral para entrar y verlo. El

Gobernador, como se le llama, dio permiso, pero advirtió que seríamos vigilados.

Naturalmente, solo pudimos visitar algunas zonas, por eso no pudimos conocer las cárceles, los lugares de tortura y ni siquiera entramos en las casas de los residentes. Visitamos el salón de fiestas, todo era rojo y amarillo–fuerte, con dibujos en negro. En las paredes hay dibujos de dragones, figuras satánicas, similares a cómo los encarnados dibujan al diablo.

También adornaban el lugar unas cortinas amarillas y rojas en tono fuerte. No hay flores ni plantas. Había algunas sillas en el del lugar. Luego fuimos a la sala de audiencias, la cual daba miedo. Todo era negro, con adornos dorados y plateados. Había muchas sillas, todas negras y en orden. El lugar no estaba para nada sucio. También fuimos a la biblioteca, era grande, contiene muchas revistas y libros sobre sexo, muchas eran copias que tienen los encarnados. No estaban desordenados. Están en los estantes e incluso hay quienes se encargan de los libros y revistas.

Estuve cerca de Artur todo el tiempo, que hablaba poco. Éramos visitas y nos recomendaron evitar comentarios. Caminamos por las calles, en esa ocasión estaban razonablemente limpias. Las calles son curvas y hechas de piedras.

Era hora de irnos, Raimundo agradeció la acogida. No hubo respuesta, ya que creen que son importantes. Cuando nos fuimos, dos guardias vinieron a mirarnos, para ver si nos llevábamos a alguien de la ciudad. No ayudamos a nadie ni vimos a nadie a quien ayudar. Pudimos ver solo a los residentes, que hicieron todo lo posible para mostrarnos lo felices que estaban. Pero no lo son, porque su alegría es falsa. Nadie está tan feliz, en el término correcto, lejos del Padre, de Dios.

Raimundo explicó que estas visitas no siempre están permitidas y que, sin autorización, ninguna excursión ingresa a la ciudad. Y que esclavos y torturados están ocultos en oportunidades como estas. Sin embargo, cuando los rescatistas lo creen conveniente, pasan desapercibidos y ayudan a quienes piden ayuda.

Agradecemos a los samaritanos, a Artur y al personal de Puesto de Vigilancia. Nos despedimos felices, la excursión terminó. Nos fuimos al Refugio y de allí a la Colonia.

En la Colonia, recibimos ocho horas gratis. Fui a ver a la abuela y a los amigos. ¡Qué bueno verlos de nuevo!

Después de eso, tuvimos la clase de conclusión. No había mucho que preguntar. Solo James le preguntó a Raimundo:

– ¿Por qué muchos de los que sufren se quedan en los valles y agujeros y no en sus ciudades?

– Porque, en las ciudades, no quieren a los que sufren, los perturbados o los inconscientes, porque son inútiles.

Todos estábamos consternados de ver el Umbral. Pero ahora sabíamos cómo atravesarlo, e ir al rescate.

Al final de la clase, hicimos una oración por aquellos que viven allí y agradecimos por no estar en ella.

Felices los que hacen todo el esfuerzo para vibrar en el bien. Felices son aquellos que, cuando desencarnados, son merecedores de un lugar de dicha. Dichosos los que siguen las enseñanzas de Jesús; aquellos que aprenden, encarnados, lo que es desencarnarse y cambiar internamente para ser mejor. Estos no tendrán el Umbral por morada.

16.– Aparatos y Mentes

Tuvimos una clase teórica sobre dispositivos utilizados en el ámbito espiritual. Desafortunadamente, no puedo describirlos en detalle por dos razones. Primero, no tengo medios para poder transmitirlos, y la médium, desconociéndolos, se le hace difícil.

En segundo lugar, el Plan Superior no me autorizó a describirlos en detalle, porque esta narración, al ser público, también puede ser leído por los malos.

Hay muchos dispositivos en el plano espiritual. Todos son bellos y útiles. Ya los conocíamos a todos, muchos de ellos los utilizamos para excursiones y la vida cotidiana en la Colonia. Ninguno contamina o causa accidentes. Los accidentes no ocurren aquí.

Comienzo narrando el maravilloso aerobús, vehículo de movilidad, una mezcla de autobuses y aviones sirve para recorrer distancias cortas y largas, tanto para grupos pequeños o de muchas personas.

Las pantallas, utilizadas en muchos Centros Espírita por trabajadores desencarnados para que las personas puedan ver los eventos, especialmente del pasado, son ligeras, sencillas y muy prácticas.

Está el removedor de aire, un dispositivo utilizado para recolectar fluidos, ya sean los buenos, que se almacenan; o los malos, para limpiar el ambiente. Se asemeja a un pequeño aspirador de los que hay en la Tierra, es ligero y práctico.

Existen los dispositivos utilizados principalmente en los Puestos de Socorro, para mantener el ambiente con una temperatura agradable. Se instalan en una parte del edificio.

Existen los dispositivos de vigilancia y los que miden las vibraciones. También hay dispositivos de defensa y lanzarayos, que se parecen a un lanzador de pelotas. Son ligeros, y hay aquellos que son pequeños, de ocho centímetros.

También hay dispositivos similares a la televisión y los videos. Hay muchos, todos útiles y maravillosos.

Los espíritus del Umbral también tienen muchos dispositivos que utilizan. Aprendimos, en clase, cómo usarlos y neutralizarlos.

En clase, teníamos conocimiento de todos los dispositivos que existen en el plano espiritual. Aprendimos a usarlos, pero no a construirlos. Hay talleres en las Colonias para tales procedimientos.

Solo teníamos la parte teórica, en la que manejamos varios dispositivos. Tampoco tuvimos la clase de conclusión, porque las dudas se resolvieran durante la clase teórica.

Hablamos mucho, intercambiando ideas. Les conté a mis colegas un hecho de mi conocimiento.

— El Centro Espírita al que asistía, cuando estaba encarnada, recibió, durante un cierto período, la ayuda de un grupo de espíritus que provenían de un lugar llamado Colina. Todos son orientales, Flor Azul es parte de este grupo. Todos estos espíritus son encantadores, al igual que Flor Azul. Entre ellos, hay un médico especial llamado Tachá. Es un excelente constructor de dispositivos, pero lo más impresionante es su forma de curar a sus pacientes. Con alegría, gracia, amabilidad contagiosa, envuelve a sus pacientes en una canción suave y armoniosa, mientras recupera su espíritu. El resultado es sorprendente. Después de desencarnar, le pregunté a Mauricio, un amigo médico que también trabajó con este equipo, por qué Tachá tiene tanta facilidad y rapidez para sanar. Me dijo que, mientras él, Mauricio, curaba al paciente de afuera hacia adentro, Tachá envolvía al paciente con música, haciéndole iniciar su propio cambio interno, ayudándose a sí mismo. Mientras nosotros, dijo Mauricio, con nuestra forma de hacer todo solos, él hace que el paciente se recupere por sí mismo; de ahí su habilidad.

– Estos dispositivos fueron descritos en el libro Violetas en la Ventana.

Luego tuvimos una lección sobre la influencia de la mente. Sabemos bien que podemos influir y que podemos ser influenciados tanto para el bien como para el mal. Las mentes malvadas pueden dañar a otros: desencarnados a otros desencarnados, desencarnados a encarnados y encarnados a otros encarnados.

– Siempre que sea posible, deben influir, tratar de transmitir a los demás buenos pensamientos, de alegría, paz y amor – dijo Frederico.

La mente tiene mucha fuerza. Las mentes entrenadas hacen mucho. Vimos en películas varias formas de usar la mente, sea para bien o para mal.

Con la mente, uno puede crear, dar forma a los objetos. Intentamos dar forma a algo. ¡Fue una alegría! Ciertamente, se necesita mucho estudio, entrenamiento y dominio de la mente para hacer esto. Ayudados por los tres instructores, logramos moldear tres rosas, que pronto desaparecieron. Dos eran rosas y el tercero, mitad rojo, mitad amarillo.

Nos reímos mucho.

Flor Azul, fue invitado a participar en la clase y darnos una demostración. Él sonrió y sin necesidad de insistir se sentó en silencio cruzando las piernas como los monjes, se quedó pensativo durante unos minutos, y apareció una caja marrón. Una especie de joyero. ¿Qué hay adentro? Preguntó Marcela.

- ¿Podemos abrirlo? – preguntó Nair, curiosa.

Con autorización de Flor Azul, la abrimos. En el interior, había una placa, similar a la madera, con las siguientes palabras grabadas en ella: "La sabiduría es la fuente de la prudencia." Aplaudimos, él estaba avergonzado.

– ¡Hermosa! – dijimos con entusiasmo.

Sabíamos cuánto podemos hacer con la mente y que todos somos capaces. ¡Basta estudiar y querer!

– Al dar un pase, ¿influye el pasista en quién lo recibe? – preguntó James a Raimundo.

– En cierto modo, sí, influir para siempre. Los pases significan transfusiones de energía. Son donaciones y, para eso, quién da los pases debe tener, algo que donar. Ya sea en los Centros Espíritas o con buenas personas que bendicen, o aquellos que dan pases, siempre hay buenos desencarnados junto a ellos que ayudan con estas donaciones.

– ¿Son útiles los pases? – preguntó Gloria

– Sí, y mucho. Para las personas enfermas son muy útiles. Para personas obsesadas, son de gran ayuda. Para los médiums que no trabajan con su mediumnidad, es como tomar una píldora para el dolor de cabeza, el efecto se corta por un tiempo determinado, pero la causa no se elimina. El pase debe verse como un remedio poderoso y, como todos los remedios, no se debe abusar de él. No es correcto acostumbrarse a los pases y convertirse en pasa–pases y tomarlos por tomar.

– He oído que los pases, si no hacen bien, no hacen mal – dijo Rosalia.

– Estás equivocado. Simplemente hacen bien. No debemos subestimar algo tan útil y serio que exige tanto del pasista. El pase es una cosa maravillosa. Tanto es así que los espíritas conscientes toman cursos, estudian y practican tal evento. Y debería ser más valorado.

Aprendimos a dar pases antes de visitar el hospital en la Colonia, y eso lo aprendimos en la primera clase. Es sencillo, pero debemos ser conscientes de que estamos transmitiendo lo que tenemos. Nosotros, desencarnados, podemos dar pases a encarnados, aunque no van a ser como los que se podrían recibir de un médium, porque no tenemos fluidos materiales, pero siempre son de gran ayuda.

Aprendemos a fluidificar el agua. En los Centros Espíritas, y en general para las personas que los frecuentan solo es una fuente de energía. Los encarnados siempre deben dejar agua limpia para esto. Siempre que se encuentren impurezas, deben neutralizarse. Hay agua separada para ciertas personas donde se colocan los medicamentos que necesitan. El equipo médico siempre hace esto, pero como hay muchos que normalmente necesitan ayuda, entonces aprendemos a ser útiles allí.

Estas clases, aunque cortas, fueran de gran provecho.

17.– Creación de la Tierra

En la clase teórica vimos en películas sobre la creación de la Tierra en sus diferentes épocas. ¡Todo tan hermoso! Dichas cintas fueran psicometrizadas desde la Tierra. Ya los había visto en las salas de video, pero con amigos e instructores, pero con explicación era diferente. Toda la creación de Dios es fantástica. La Tierra ha sufrido varias transformaciones, pero sigue siendo hermosa.

Lo desconocido nos fascina, tanto el pasado como el futuro. Raramente valoramos el presente, que en realidad es la única realidad con la que podemos vivir. A nivel de conocimiento, es necesario volver al pasado para que tengamos un sentido de evolución cósmica. En este curso, con gratitud de satisfacción, nos mostraron y explicaron un poco sobre nuestra nave espacial, el planeta Tierra. Escuchamos con mucha atención la explicación sobre los comienzos de la Tierra y la raza humana, arraigada en ella. Vimos a sus primeros habitantes y cómo surgieron las religiones. Hay una necesidad de creer en todos nosotros. Nuestro espíritu sabe de la existencia del Creador. Pasamos varias horas viendo, sin cansarnos, deslumbrados con tanta belleza, la Tierra, nuestro hogar bendito. Esta lección fue tan interesante que no queríamos abandonar el aula mientras hubiera algo que saber.

Viviendo en el Mundo de los Espíritus

Vimos las religiones del pasado. La idolatría de los dioses de la naturaleza, como el Sol y la Luna. La aparición de los dioses de arcilla y metal, las guerras, las atrocidades en nombre de las religiones, que se autodenominaban dueños de la verdad, y muchas crueldades ocurrieron en el contexto de la religión. Luego, estudiamos las religiones actuales en general, solo para tener una idea de cómo creen, actúan y cuáles son sus objetivos.

Todas las religiones son buenas si se siguen interiormente, sin embargo, debemos tener cuidado con algunas que conducen al fanatismo. Las religiones son flechas en el camino, pero depende de nosotros caminar.

Las religiones cristianas son muchas, basadas en las enseñanzas de Jesús, que se interpretan de varias maneras. Pero pocas intentan seguir la esencia de sus enseñanzas, restringiéndose a actos externos. Las que facilitan el camino evolutivo son aquellas que enseñan por razonamiento, haciendo que las personas entiendan y crean. Entre estas se encuentra el Espiritismo, que enseña por qué Dios es justo, a través de las leyes de la reencarnación y la ley de causa y efecto. También explica lo que sucede cuando estás desencarnado.

La clase estuvo tan bien explicada que no hubo necesidad de hacer preguntas.

Comenzaríamos la parte práctica y estábamos doblemente felices porque, durante veinticuatro horas, recorreríamos otros dos países: India y el Vaticano.

Vinimos a la Tierra en el aerobús. Fuimos a visitar varios templos de nuestra religión y ver sus servicios. Una oración sincera se escucha en cualquier servicio. Hay personas buenas y fieles en todas las religiones. Nos encanta ver, escuchar oraciones.

Las personas que rezan sinceramente están rodeadas de fluidos agradables. Escuchamos sus enseñanzas y nos sentimos bien en sus templos. ¡Qué buenas son las enseñanzas religiosas! En muchos templos fuimos recibidos por los desencarnados. Muchos, cuando se desencarnan, permanecen en los templos para trabajar, otros lamentablemente desconocen su condición, pero no hacen daño a otros. Esos fueron a los que tratamos de ayudar. Pero no estábamos allí para eso, sino para entender los diversos credos.

Si hay buenas personas dentro de las religiones, también hay malas personas. Hay quienes usan la creencia para ser deshonestos.

Muchas personas malas cometen errores en el nombre de Dios, de Jesús. Pero afortunadamente, los hechos buenos superan a los malos. Todas las religiones enseñan cómo amar a Dios, hacer el bien y evitar el mal.

Fuimos a varios cultos de diferentes religiones y siempre nos han acogido bien. Respetamos a todos, nos quedamos callados prestando atención.

Visitamos a los umbandistas. Umbanda es a veces incomprendida. La mayoría lo hace bien, pero desafortunadamente hay quienes se hacen llamar umbandistas y no siguen el ejemplo de la mayoría. Sus rituales son hermosos, con cantos de gran significado. Raimundo los saludó con cariño. Él ya es conocido, siempre trae estudiantes para conocerlos. Pidió permiso y nos llevaran amablemente al ala para visitantes. Nos quedamos solo para poder observar. Se realizaron muchos rescates. Todas las personas desencarnadas que trabajan allí se visten de blanco, excepto algunas. Tienen mucha paciencia con el encarnado y hacen todo lo posible para ayudar. Respetamos mucho a Umbanda y su trabajo.

Fuimos a ver el Candomblé. Los seguidores desencarnados nos trataron muy bien, incluso le dieron un regalo a Raimundo, quien agradeció con una sonrisa. Es una copia de su libro. Sus rituales son diferentes. Vimos todo en silencio. No les gustan las intromisiones y no dependía de nosotros, los visitantes, hacer conjeturas. Sus vestimentas tienen significado, sus collares, en fin, todo lo que visten. Sus desencarnados tienen sus propias Colonias, ciudades en el Umbral, donde hay hospitales, escuelas, buenas bibliotecas, y se ayudan mutuamente. Hay varias Colonias en todo el Brasil.

Ahí está Quimbanda. Ella no da permiso para ver sus rituales. Son grupos de encarnados que se unen con desencarnados que, por algún tiempo, siguen otros caminos.

Estos grupos de encarnados actúan así casi siempre para facilitarles la vida. Pero esa ayuda es ilusoria. Intercambian favores entre ellos y cometen muchos errores.

Vimos, desde lejos, a encarnados y desencarnados haciendo trabajos de macumba, de hechizo. Notamos entidades oscuras, que viven en las ciudades de Umbral, que vienen a recibir las ofrendas.

Estas separaciones son raras después de la desencarnación. Aquí, vimos al Candomblé ayudar solo a sus seguidores y a algunos de sus admiradores. Los seguidores de Candomblé no aceptan las pautas de las Colonias existentes, razón por la cual se crearon sus propios núcleos. En el futuro habrá unidad, con el crecimiento espiritual de todos.

Sabemos que el mal existe, tiene fuerza, pero el bien tiene mucho más.

También vimos ofrendas de agradecimiento, y a estas reuniones si pudimos acercarnos. Son casi como promesas, piden, reciben y donan. Otros solo están satisfechos con la cantidad que reciben.

Fuimos a la tan esperada visita al extranjero. Primero, India, tierra de misticismo.

– ¡Es la primera vez que voy al extranjero! – Gloria exclamó contenta.

– Yo también – respondí.

No fuimos a ver el plano espiritual, sino el plano material. Sus templos son encantadores. Supimos que Gandhi está en el espacio espiritual de la India, trabajando para su amado país. En poco tiempo pude ver pocas cosas. Los indios son casi siempre muy religiosos, sus religiones, a diferencia de las cristianas, son objeto de mucha controversia. Los lugares sagrados tienen una energía muy fuerte y están protegidos por innumerables desencarnados.

Visitamos algunos como este y, en un hermoso templo, estaba escrito en indio, en el plano espiritual, que nos fue traducido: "Dios, que está en todas partes, está aquí presente por la demostración de amor."

Creemos que todo es hermoso. Volamos de la India al Vaticano. Cuando llegamos allí, un equipo desencarnado analizó nuestra autorización de visita y solo entonces nos permitió ingresar.

– Lo hacen porque el Vaticano es el blanco de innumerables ataques – explicó doña Isaura.

Innumerables espíritus que sufren y deambulan, van allí en busca de ayuda, y la mayoría son rescatados en las puertas de entrada. El Vaticano está rodeado en el plano espiritual. Hay varios guardias y rescatistas que trabajan allí ayudando.

Visitamos los lugares permitidos a los visitantes encarnados. Las bellezas materiales son numerosas. El catolicismo heredó mucho de las religiones paganas. Algunas imágenes de santos alguna vez fueron ídolos paganos. En los lugares de fe, la oración, los fluidos son agradables. Hemos aprendido que los cambios pronto tendrán lugar en el catolicismo.

Vimos un gran número de rescatistas trabajando, atendiendo o recibiendo peticiones de los encarnados, en un trabajo incesante. Varios de ellos. Eran de encarnados religiosos.

Lástima que estas excursiones fueron cortas, solo nos dieron la oportunidad de visitar la parte material. Pero fueron inolvidables. ¡Encontré que todo era hermoso!

Regresamos al Brasil, nuestra región, y fuimos a ver algunos Centros Espíritas. La simplicidad, y la comprensión de la verdad, hacen que estos lugares humildes se transformen en fuentes de bendición y luz. Como fui espírita cuando encarnada, fue con gran alegría que visité los Centros Espíritas. ¡Amo el Espiritismo!

En los Centros que visitamos, fuimos bien recibidos. Todos conocían a Raimundo y doña Isaura, que fueron abrazados con afecto. Allí, podríamos preguntar a voluntad. Mis compañeros hicieron numerosas preguntas. Yo solo miraba todo con amor. Fueron excursiones súper agradables.

18.– La Conferencia y la Feria del Libro Espírita

Estaba muy feliz cuando fuimos al Centro Espírita donde trabaja mi padre. Volver a ver a los amigos le hizo bien a mi corazón. La reunión comenzó, y había un gran número de encarnados y desencarnados que escuchaban la conferencia de la noche para escuchar a mi padre. Como siempre lo hace, habla con claridad y voz agradable:

– Si queremos acercarnos a Dios, tenemos que investigar para saber un poco sobre su forma de ser.

"Las actividades humanas tienen, en el deseo de adquisición, el elemento que las sostiene. Como resultado, todos somos egoístas, alcanzando niveles mentales o psíquicos ".

"Nuestros hermanos inconscientes o semi–conscientes, cuando buscan la preservación del individuo, no van más allá de lo necesario para su supervivencia y el cumplimiento de sus funciones. En estas llamadas manifestaciones, podemos ver al Dios creador actuando sin interferencia en la libertad del individuo, algo que no sucede en el ámbito del ser humano. Ahora, si quiero tener una buena relación con un individuo, tengo que conocerlo, y gustar las mismas cosas que él, amar lo que es suyo y, si es posible, pensar como él."

"¿Por qué las flores son hermosas y fragantes? Es una pregunta interesante que nos lleva a meditar y, meditando, llegamos a la intuición. Para la personalidad, todo tiene una razón; cada camino o toda acción tiene un fin en principio. No concebimos actuar sin un fin personal. Vivimos en la actividad de la mente, un archivo del pasado colectivo y privado. Es por eso que no nos damos cuenta de que la acción cósmica no tiene necesidad de llegar a ningún lugar, ganancia o fin."

"Muchos dirán que las flores son hermosas y fragantes porque Dios quería embellecer y perfumar el medio ambiente y la vida de los hombres. ¡Qué pretensión! La belleza, la pureza y la fragancia de la flor inocente también adornan la existencia del rebelde, el bromista, el egoísta, el inhumano que puede oponerse al Creador, que lo apoya en todas sus necesidades. Además, para el Padre, que realmente ama, los aspectos externos no cambian su forma de amar. Él ama todas sus manifestaciones, porque son parte de él. De hecho, es Él mismo, porque nada existe fuera de Él. No, no fue por causa del hombre que Dios creó las flores."

"Entonces para ellas, ¿hay alguna razón por la que tienen tanto perfume y belleza? Ninguno. Son lo que son, por su propia naturaleza interna, la vean o no. Pueden estar en un jardín entre los hombres o en el bosque donde nadie las vea. No importa dónde nazcan, siempre serán una manifestación de belleza agradable."

"De la misma manera, deben ser los hombres, solo con una diferencia, lo que la flor es por inocencia, debe ser el hombre por sabiduría. El hombre tiene la libertad de ser la manifestación más bella lo Eterno. Muchos están en contra, y eso es lo que sucede con la mayoría. Otros, libres y conscientes de la Divinidad, se integran con Él, comenzando a reflejar lo Eterno, saturando la Tierra con luz, belleza, perfume y, sobre todo, con el amor incondicional que todo implica en su afecto protector."

"¿Y las violetas? ¿Sentirían envidia de las rosas o algún día querrían convertirse en rosas? ¡No! Las violetas están felices de ser lo que son; felices de ser manifestaciones del Creador, sin pretender ninguna justicia por parte de Aquel que lo es todo, porque todo lo que son le pertenece a Él y no poseen nada de ellos.".

"El hombre bueno debe ser bueno, porque esa es su naturaleza, y no recibir premios y elogios. No importa si otros ven su bondad o no. Debe ser como las flores, que no eligen un lugar ni piden reconocimiento por lo que realmente son."

"Debemos imitar las flores, cuya alegría y felicidad radica en la actitud permanente de reflejar lo bello, lo fragante, lo imponderable. Nuestro paraíso no está más allá ni más acá, está dentro de nosotros mismos."

– ¡Qué hermosa conferencia! – Exclamó Ivo.

– Deberías estar orgulloso de tu padre, ¿eh, Patricia? – dijo James sonriendo.

Solamente sonreí. Sí, estaba feliz y avergonzada por los cumplidos de mis compañeros por la hermosa charla de mi padre.

Al final, una fina lluvia de fluidos sanos llenó la habitación y nos saturó de energías. Lloré de emoción, amo a mis padres y verlos estudiar, trabajar para el bien me hace muy feliz. Saber que están en comunión con el Padre es felicidad para mí. La reunión terminó con gran provecho. Nos quedamos allí unos minutos hablando.

Mauricio me abrazó cariñosamente:

– Entonces, ¿cómo está mi chica?

– Encantada con el curso – respondí.

Regresamos a Colonia donde pasamos unas horas libres. Aproveché la oportunidad para escribir lo que escuché, lo que aprendí en el curso y leer un poco.

A la mañana siguiente, fuimos a visitar varios puestos de libros y librerías espíritas. ¡Que hermoso!

Estar entre buenos libros siempre es agradable.

– Los puestos espíritas y las librerías están vigiladas las veinticuatro horas del día – explicó Raimundo –. Cuando el libro espírita comenzó a destacarse, a educar y enseñar, la oscuridad comenzó a atacar. Entonces, tuvimos que defendernos. El trabajador o trabajadores no solo ejercen la función de vigilante, sino que guían, por intuición, a vendedores y compradores, a limpiar el ambiente.

– Si se recibe el ataque de una falange, de un grupo grande, ¿qué hace el trabajador? – preguntó Lauro.

– Casi siempre – respondió Raimundo – estos ataques están previstos, y los equipos que trabajan en Centros Espíritas vienen aquí. Si no FUE posible saberlo antes, cuando está rodeado, el trabajador activa una alarma y en segundos recibe ayuda.

– Son los ángeles de los libros – dijo Zé –, de buen humor. Después de estar allí fuimos a visitar una Feria del Libro Espírita. Si los encarnados trabajan para organizarlos, el trabajo de los desencarnados no es poca cosa. Un orientador desencarnado vino a recibirnos amablemente.

– Siéntanse a gusto.

– ¿Cómo es tu trabajo? – Preguntó Luís

El orientador amablemente nos explicó. Es un espíritu de simpatía ilimitada. Conocido entre los encarnados y los desencarnados, es muy aficionado a la buena literatura. Lamentablemente, no es posible que digamos su nombre porque, como él dijo, su trabajo es temporal. Pronto lo dejará para que lo haga otro.

Estamos contentos con lo que hacemos, somos un grupo de cincuenta espíritus. Coordinamos las ferias en todo el Brasil. Cuando comienza la organización de una feria, tenemos un grupo más pequeño que va con los encarnados, para ayudarlos a formar las bases y protegerlos. Cuando comienzan a armar la feria, estamos ayudando. A medida que los encarnados rotan, nosotros también lo hacemos.

– ¿Cuál es tu función en la feria? Preguntó Gloria.

– Primero, vigilar, proteger de los ataques de los hermanos que están molestos por la luz que siempre trae la enseñanza cristiana. Aquí estamos para guiar, dar pases, purificar el medio ambiente, ayudar a los desencarnados que han estado acompañando al encarnado, y a aquellos que vienen en busca de ayuda.

– Si ocurren dos o más ferias al mismo tiempo, ¿qué haces? – Preguntó Luíza

– El equipo de cincuenta es grande, por lo que debemos compartir. Pero si es necesario, la Colonia Casa del Escritor, cuyos habitantes trabajan para la buena literatura, nos envía más ayudantes. Las ferias están creciendo y esperamos que en el futuro todas las ciudades las tengan.

– ¿Y cuando no hay feria? – preguntó Zé.

– No estamos sin hacer nada, siempre estamos ayudando a personas que de alguna manera tratan con periódicos espíritas y sus editores, y alentamos a las personas a leer, etc.

– ¡Qué hermoso trabajo! – exclamé.

– ¿Están todos los trabajadores aquí en el equipo? – Rosalia preguntó.

– No, tenemos el equipo de la ciudad que nos ayuda, que viene a unirse a nosotros en una tarea colectiva y agradable. En cada ciudad donde tiene lugar la Feria del Libro Espírita, los trabajadores locales se organizan para trabajar extra para ayudando a los encarnados.

– ¿Estás de servicio también? – Preguntó Ilda

Viviendo en el Mundo de los Espíritus

– Sí, para que todos participen y también porque muchos de nosotros tenemos otros trabajos con la literatura espírita.

Miramos los libros, encantados.

– Los encarnados que desean , pueden disponer de estas bellas obras que guían, confortan y explican – dijo doña Isaura.

Nos quedamos observando por horas. Ahora los trabajadores intuían a los vendedores, ahora ayudaban a los compradores y a los visitantes. Muchas personas desencarnadas fueron allí, a veces acompañando al encarnado, a veces de curioso. Cuando el encarnado de guardia se dirige al visitante, el trabajador se dirige cortésmente al desencarnado y se produce un diálogo; casi siempre el desencarnado es llevado a un rescate o a uno de los Centros Espíritas de la ciudad para recibir orientación.

Vista desde lejos, la Feria es un punto brillante, donde los que sufren acuden en busca de ayuda.

– Ya tuvimos una forma extraña de ataque – nos dijo un trabajador –. Los residentes del Umbral reunieron a un gran grupo de espíritus que deambulaban, sufrían y nos los traían, esperando que estropearan el lugar. Pero cuando vieron la luz emitida por la Feria, se arrodillaron para pedir ayuda. Un orientador se dirigió a ellos, explicando su situación como desencarnados y su necesidad de ayuda, rezó con ellos. Todos fueron rescatados sin problemas. Desde entonces, no han hecho este tipo de ataque.

Vimos un pequeño grupo de hermanos del Umbral observando la Feria desde la distancia.

– ¿Qué harán si se acercan? – preguntó Cida al asesor.

– Hablaremos con ellos, siempre damos la bienvenida a cualquier visitante. Si nos atacan, los lanzarayos funcionarán; si el ataque es mayor, inmediatamente los buenos trabajadores de la ciudad vienen en nuestra ayuda, además la carpa está rodeada por miles de ayudantes.

– ¡Muy interesante! – dijo Marcela –. ¿Hay muchos ataques?

– En las primeras ferias hubo más. Ahora ha habido casi nada. Prefieren desanimar a los organizadores encarnados, pero el espírita es terco y, cuando se trata de hacer el bien, de celebrar la Feria, muchos se resisten firmemente con nuestro aliento.

Si los encarnados gustan de la feria, a las personas desencarnadas que trabajan, allí les gusta más. Allí reina la alegría y el afecto.

¡Cuántos auxilios y ayudas se proporcionan en una feria! Y lo más importante: ¡cuántos buenos libros circulan y enseñan! Regresamos emocionados; la conclusión de la clase fueran solo diálogos. A todos nos encanta visitar los Centros Espíritas, librerías, quioscos y, principalmente, la Feria del Libro Espírita.

19.– Vicios

Doña Isaura comenzó la clase hablando sobre adicciones en general, y dio una definición:

– La adicción es el uso habitual de cualquier cosa y todo lo que nos causa daño. Es la costumbre de proceder mal. La adicción es una enfermedad compleja que requiere la voluntad de deshacerse de ella. Para sanar, es necesario enfrentarlo y superarlo; si no es vencido, se convierte en su esclavo. Solo seremos libres si no tenemos adicciones. Todos son perjudiciales para quienes los tienen. A veces, una o dos que hemos tenido nos ha oscurecido las virtudes que hemos adquirido.

Nuestra instructora hizo una pausa y continuó:

– Hay muchos vicios y, a veces, no los tenemos fuertes, pero incluso un poco de ellos nos molesta mucho. Citaré los más conocidos: agresividad, alcohol, ambición, apego material, avaricia, calumnia, celos, ira, tabaquismo, gula, inconformidad, envidia, ludopatía, difamaciones, mentiras, ociosidad, orgullo, pornografía, queja, robo, drogas, usura, vanidad. No creo que necesitemos describirlos. Pero, si alguien quiere hacer una pregunta sobre uno, siéntase libre.

– No pensé que la agresión fuera una adicción – dijo Ivo.

– Hay personas que, nerviosas, atacan causando daño a las personas cercanas a ellos. Tienen la mala costumbre de ser violentos. Lo peor es que muchos agresores no reconocen que son adictos.

– Conocí a una dama – dijo Rosalia –, que vivía, encarnada, quejándose. Se volvió antipática. Cualquier tema que se le hablara, encontraba una manera de introducir las enfermedades a la conversación, y comenzaban las quejas.

– Debemos tener cuidado de no quejarnos, no solo porque somos desagradables con quienes nos escuchan, sino porque nuestros pesares solo tienden a aumentar y, al ver solo las cosas malas, olvidamos de las buenas.

– Mi padre era alcohólico – dijo Luís. Él desencarnó debido a los problemas que la bebida le causó. Sufrió mucho cuando desencarnó. Durante años deambuló por el Umbral, enloquecido por beber y queriendo vampirizar encarnados para poder emborracharse con ellos. ¡Fue muy triste! Deformó su periespíritu, parecía un animal, hasta que mi abuela, su madre, pudo ayudarlo. Ahora está internado en un hospital de otra Colonia. Se lastimó tanto el cerebro periespiritual que creo que no reencarnará perfectamente.

– Es verdad, Luís – dijo doña Isaura –. Cuando dañamos lo perfecto por adicciones, podemos reencarnar con deficiencias para aprender. Pero este hecho no es una regla general. Tu padre, rescatado, puede recuperarse.

– Pero cuando eres encarnado puedes volver a ser alcohólico, ¿verdad? – Luís preguntó de nuevo.

– Solo nos deshacemos de la adicción cuando nos demostramos que somos capaces. Si por elección estamos dispuestos a pelear y vencerlo. En la próxima encarnación, puedes tener la voluntad, aunque hayas sufrido, y el dolor, este sabio compañero, te ha hecho sentir aversión por la bebida. Conozco un espíritu que en la pasada encarnación era alcohólica; desencarnó, sufrió y hoy es una excelente médium, ni siquiera le gusta el olor de las bebidas alcohólicas.

– ¿Ella superó su adicción? – pregunté

– Sí, la venció. El dolor la hizo aprender.

– ¿Todas las adicciones nos llevan al dolor? – Preguntó Lauro.

– También depende del daño que puedan causar. Ejemplo: si fumamos en un lugar abierto y lejos de otras personas, solo nos hacemos daño a nosotros mismos. Si es calumnia, puedes dañar a otros. Hay vicios que no se acentúan y no han causado ningún daño importante, otros son fuertes, arraigados y causan mucho daño.

– Tengo una hermana que nació muda. Tuve tanta pena de ella. – dijo Nair con tristeza –. Cuando desencarné, quise saber por qué. Este hecho me molestó mucho porque pensé que era injusto.

Mi padre, que había estado desencarnado durante mucho tiempo, dijo que había sido calumniadora en su encarnación anterior. Causó muchas intrigas, dañando a muchos. Desencarnó, sufrió mucho y el remordimiento destructivo dañó sus cuerdas vocales, y se reencarnó muda.

– Como ya se ha dicho, quien abusa de lo perfecto puede tener deficiencia por un tiempo. Cada caso es diferente. No todos los mudos eran calumniadores. Las causas pueden ser diferentes para el mismo efecto.

– ¿Hablará ella cuando se desencarne? – Nair preguntó.

– Dependerá de ello; si ella fue buena en esta reencarnación, tendrá ayuda y pronto estará hablando. De lo contrario, vagará o irá al Umbral, permaneciendo en silencio hasta que sea rescatada.

– Tengo un amigo – dijo Joaquim – que actualmente trabaja conmigo en el Puesto de Socorro. Me dijo que sufrió mucho cuando dos adicciones lo desencarnaron, el juego y el tabaquismo.

Se desencarnó y quiso seguir fumando y jugando a las cartas. Teme que, cuando reencarne, continúe las adicciones.

– Uno no debe reencarnarse con miedo. Dile, en la próxima oportunidad, que continúe trabajando, y, si es posible, estudie. Solo podrá reencarnar cuando esté seguro.

– ¿Estando seguro no caerá en adicción otra vez? – preguntó Joaquim.

– Es una garantía extra. Si incluso los más preparados pueden cometer errores nuevamente, imagine a aquellos que piensan que sucumbirán.

En la clase práctica, fuimos a visitar, en la Colonia, el ala del hospital donde están los que se desintoxican del tabaco y el alcohol. Todos están separados. Primero fuimos a visitar a aquellos que tienen un tratamiento para desintoxicarse de fumar y que eran buenas personas, algunos espíritas. La visita fue agradable, todos estaban conscientes tanto de su desencarnación como de su tratamiento. Vimos que todos estaban un poco avergonzados por no deshacerse de la adicción cuando estaban encarnados.

– Se quedan aquí por un tiempo –, dijo Frederico.

El segundo pabellón era para alcohólicos. Desafortunadamente, el alcohol daña el periespíritu mucho más.

Hablamos con algunos de ellos y los alentamos. Una señora me dijo:

– Me da vergüenza haber sucumbido tanto por una adicción. Encarnada, abandoné a mis padres, esposo e hijos. No me importaran los afectos, ni nadie. Desencarné y sufrí. Hasta que, cansada, recordé a Dios, y durante mucho tiempo clamé por ayuda. Pero, sabes, todavía no estoy bien, quiero beber.

Lloró, me compadecí. Le dimos un pase. Cuando me concentré en ella, vi que estaba angustiada, con ganas de embriagarse.

– Es así al principio – explicó Raimundo –. Pero pronto se sentirá mejor. La Colonia le proporcionará objetivos saludables y no hay nada como un objetivo bueno y serio para ayudarla a olvidar y vencer una adicción.

La enfermería donde están los recién llegados que eran adictos al alcohol es una causa de tristeza. Todos estaban marcados de tal manera que los periespíritus se deformaran. Oramos y les dimos pases, la mayoría se mostraban ajenos, con miradas atónitas.

Los drogadictos están en una sala separada del hospital. Está cerrada y no pueden salir sin permiso.

En el jardín que forma parte de esta ala están los que están a punto de ser dados de alta. Nos unimos a ellos. Ya estaban con el periespíritu reconstituido y luego conversamos. Querían saber cómo eran las otras instalaciones en la Colonia donde estudiamos. No les gusta hablar de sí mismos ni de drogas. Este hecho trae malos recuerdos. Luego fuimos a ver a los que estaban en las salas. No es agradable mirarlos. Muchos jóvenes estaban allí, deformados, algunos con aspectos animales, en su mayoría dementes, otros ni siquiera hablaban, aullaban. Es difícil dialogar con los que están en este estado, no entienden.

– Frederico – preguntó Gloria –, ¿se están recuperando todos?

– Lamentablemente no. Muchos de estos hermanos no solo sufrieron la adicción a las drogas, sino que también fueron agresivos, calumniadores, perezosos, cometieron muchos errores; la adicción destructiva y el remordimiento han dañado tanto el periespíritu que no podemos recuperarlos estando desencarnados. Solo un nuevo cuerpo, en la materia, los ayudará.

– ¿Lo harán como personas discapacitadas? – Preguntó Gloria, asombrada.

– Sí. Ellos mismos se perjudicarán. La reencarnación será una bendición que los curará.

Visitamos una parte de la escuela donde hay orientación psicológica que ayuda a liberar las adicciones, pero para los adictos por drogas hay una sala especial en el hospital. Fue muy interesante, los orientadores son muy amables y conocedores. Atienden con cita previa. Como no queríamos interrumpir o molestar a los orientadores, la visita fue rápida. Raimundo comentó:

– Todos siempre tenemos ayuda, lo cual nos facilita dejar el vicio. Es solo querer.

Un hombre en la sala de espera conocía a Raimundo y fue a saludarlo. Muy amable, nos saludó sonriendo y dijo:

– Dios ayude a que ninguno de ustedes pase por lo que yo pasé. Por mentir, sufrí mucho. Me horroriza mentir y me siento sofocado solo de pensar en hacerlo de nuevo. Estoy en tratamiento aquí en la escuela. Quiero tanto liberarme del vicio de la mentira, y también del horror que tengo de volver a hacerlo. Tengo que equilibrarme.

Cuando nos fuimos, Marcela comentó a Raimundo:

– ¿Puede el horror de volver a mentir lastimarte?

– Sí, puede, odiar, sentir horror, no es bueno, para nada. Debemos evitar las adicciones con comprensión. No es fácil abandonar una adicción, primero debes ser consciente cuenta de que la tienes y luego hacer todo lo posible para deshacerte de ella.

Cuando encarnamos, demostramos que somos liberados de él, o nos esforzamos por luchar contra él. Este hombre teme que cuando reencarne, vuelva a mentir y sufra todo de nuevo. Pero, con la orientación que está recibiendo, tendrá una gran oportunidad de comprender y aprender. Quien aprende y lo pone en práctica supera la adicción.

No vinimos a ver adictos encarnados. Sería más fácil ver a los que no tienen adicción, ya que hay muy pocos.

Los vicios siguen siendo, desafortunadamente, parte de la vida de los terrícolas.

Regresamos al aula para ver las películas sobre sustancias tóxicas. Conocimos las plantas que las contienen, cómo son refinadas. Vimos cómo las drogas viajan por el cuerpo y lo que le sucede al cerebro; cómo uno se convierte en un dependiente.

– ¡Cómo las drogas son tan malas para el cuerpo y el espíritu! – Exclamó Cida, tristemente –. ¡Cómo las drogas hacen esclavos!

Viviendo en el Mundo de los Espíritus

Luego vimos muchos núcleos, ciudades en el Umbral, donde se reúnen los drogadictos. Estos núcleos generalmente no están muy decorados, pero bien cerrados, no es fácil entrar o salir de allí. Las películas fueron hechas por rescatistas que, disfrazados, entraron y filmaron todo. Están rodeados por muros altos y fuertes, sus edificios tienen pocas ventanas y casi todas tienen rejas; lo terrible son las bodegas donde están las cárceles.

En estos centros, hay jefes que casi siempre no son adictos a las drogas; hay muchos guardias y estudiosos sobre el tema. Hay laboratorios donde se realizan investigaciones. Salones de baile y conferencias. Hay un lugar al que llaman escuela, donde aprenden a vampirizar, a obsesar, a vengarse, a intuir a los encarnados intolerantes para usen drogas. Los centros siempre tienen bibliotecas, donde, además de la terrible literatura, se encuentran muchos libros y revistas sobre sustancias tóxicas. Estos centros están destinados a fomentar y ejercer adicciones como el tabaquismo, el alcoholismo y también el abuso sexual. Todo es sucio y repulsivo.

En el Brasil, hay grupos como este, de diferentes tamaños. Los más grandes son aquellos en el espacio espiritual de la ciudad de Río de Janeiro y São Paulo.

Comprendí por qué las drogas deforman tanto. A un drogadicto no le importa nada, se descompone cada vez más.

Vimos muchos núcleos y lo lamenté mucho.

– Aquí están Marcelo y Fábio, dos ex drogadictos, ex residentes de Valle de las Muñecas. Vinieran a responder algunas preguntas y hablar con nosotros.

Fue una agradable sorpresa, los dos eran jóvenes, alegres y amables. Fábio dijo de inmediato:

– Era así antes de enviciarme, luego me convertí en un trapo humano. Desencarné de tanto drogarme. Viví en Valle durante mucho tiempo. Pero mi familia, muy católica, rezó con fe por mí. La oración vino a mí para iluminarme, dándome claridad, luego quise cambiar. Un día, cuando vampirizábamos a un joven, el grupo y yo estábamos rodeados por un grupo de estudiantes como ustedes. Pedí ayuda, me llevaron al hospital, me ingresaron y me trataron durante mucho tiempo. Ahora estoy sirviendo a la comunidad que me alojó.

– ¿Qué sentiste cuando estabas en el valle? – preguntó Gloria.

– Solo pensaba en drogarme. Desencarnado, sentía más la falta de la droga. Hacía todo lo que decían para tener la droga.

– ¿Estabas muy deformado? – Ivo quería saber.

– Sí. Un día, cuando estaba en una habitación con un hombre encarnado para poder disfrutar de la cocaína juntos, me miré en el espejo y me asusté. Tenía pocos recuerdos de mi estado saludable.

– Marcelo, ¿y qué te pasó? ¿Cómo caíste en la adicción? – Rosalia preguntó.

– Era un poco perdido, ocioso y me uní a otros adictos. Estuve drogado solo durante dos años y medio.

Desencarné por una sobredosis. Me llevaron al Valle. Pensé que era terrible y, al principio, consumí drogas, pero poco, solo para enfrentar la angustia de estar allí. Entonces, no quise más y traté de escapar, fui atrapado y torturado. Fue horrible, sufrí mucho. Un día, algunos rescatistas encubiertos entraron allí, hacen eso periódicamente y me liberaran.

Como quería deshacerme de la adicción, el tratamiento fue rápido y pronto me curé.

– ¿Qué más sentiste en todo esto? – preguntó Marcela.

– El dolor que le causé a mis padres.

La droga es una adicción terrible, y las consecuencias son muy tristes. Durante horas los dos estuvieron hablando con nosotros.

Luego, visitamos el Puesto de Socorro local, donde son rescatados, y allí, los drogadictos se quedan allí n los primeros días. Se llama Puesto de Apoyo. Muchos trabajadores viven allí. No es grande, pero tiene cercas y grandes lanzarayos. Este Puesto es muy atacado. Se encuentra en el Umbral. Fuimos en aerobús. Su patio es hermoso, florido, tiene flores azules que se asemejan a hortensias y son delicadas. Tiene muchas bancas, donde descansan los trabajadores. Cuenta con una sala de lectura, cafetería, viviendas para trabajadores y salas, amplias y muy limpias. Los refugiados están separados, según el estado de cada uno. No hay muchos alojados allí, ya que después de un tiempo son transportados a la Colonia. Cuando hay vacantes, reciben ayuda de otros lugares. Los adictos recién rescatados se separan según su situación. Las camas para los inquietos, agitados, están cubiertas por láminas magnéticas que sujetan al paciente a la cama, sin privarlo del movimiento. Ayudamos a los trabajadores a asearlos y alimentarlos. Muchos ni siquiera hablaban, aullaban como animales.

Se necesitan muchos trabajadores para ayudar a los intoxicados. Es por eso que en la Colonia siempre están alentando la cooperación de todos. Es por eso que durante los permisos y las vacaciones de los trabajadores de las Colonias y Puestos, como maestros, médicos, etc., y muchos otros se unen a estos servidores desinteresadamente, son como multitudes que ayudan a los hermanos imprudentes que han caído en la adicción.

La ayuda no es fácil, porque el adicto casi siempre no quiere abandonar la adicción.

Estábamos muy dispuestos a ayudarnos, trabajamos duro y obtuvimos pocos resultados, pero eso nos hizo felices.

En la clase de conclusión no tuvimos mucho que preguntar. Fue un tema fácil de entender, pero muy difícil de lograr. Hay pocos libertos, muchos tratando de liberarse y una gran parte, esclavos de las adicciones.

20.– Agradecimientos

El día amaneció hermoso, como todos los días en Colonia. Nuestra última clase iba a llevarse a cabo: nuestro curso había terminado. Estaba pensativa. En mi pantalla mental, aparecieron los eventos que vivimos, como en una película. Una emoción amorosa brotó en mi alma. Amaba a todos, y en ese momento, sentí que no era igual afecto por todos. Pensé en uno a la vez y vi con mucha alegría que Dios, al crearnos, no hizo copias, sino que nos dio la capacidad de amar indistintamente, al ver los valores especiales que resaltan en cada uno. En uno, amaba especialmente su espontaneidad; en otro, la capacidad de abnegación; en otro, simplicidad; en otro, amabilidad; y en muchos, inteligencia. Por lo tanto, las cualidades naturales de cada persona brillaron en mis ojos. Y me pareció que el amor, al verlo de esta manera, se multiplicó dentro de mí, a pesar de que no había forma de medirlo.

Al recordar a los maestros, sentí un profundo respeto. ¿Cómo podría mostrar mi gratitud por todo lo que me hicieron, por todo el conocimiento que tenían y nos transmitieron?

¿Agradecimientos? ¡No! Era muy poco por lo mucho que hicieron por nosotros. No hubo pago por este tipo de propiedad adquirida, lo menos que pude hacer fue tenerlos como ejemplo. De ahora en adelante, todos mis pensamientos y actitudes se basarán en las virtudes que demostraron durante el período que estuvimos juntos.

Mi corazón se desbordó de amor y afecto, estaba feliz. No es la felicidad que, en la materia, buscamos como sinónimo de poder, comodidad y ociosidad. La felicidad que sentí fue el resultado de un deseo ardiente de trabajar, servir, amar intensamente todas las manifestaciones de mi Dios, porque Él es todo para mí, y lo vi en todos mis amigos, hermanos y maestros.

Las despedidas comenzaron, lo sentí profundamente. Algunos de nuestro grupo cambiarían de trabajo, entusiasmados con otras formas de servir. Todas las solicitudes de cambio fueron aceptadas, haciéndonos felices. Solo Lauro, Laís y yo seguiríamos estudiando. Sin embargo, nosotros también nos separaríamos. Los dos irían a una Colonia de estudio, y yo iría a otra.

– ¿Qué vas a hacer, Patricia? – Preguntó Nair.

– Pasaré los días libres con la abuela y visitaré a mi familia. Luego regresaré a estudiar.

Anhelo aprender y saber.

Memoricé la conversación que tuve con mi amigo António Carlos.

– Patricia – dijo él –. Te acompañaré a una Colonia de Estudio, donde tomarás un curso más profundo sobre el plano espiritual y el Evangelio.

Habló con entusiasmo sobre esta Colonia.

– Es hermosa, encontrarás grandes amigos en él. Es un paso más; después, quiero llevarte a la Casa del Escritor. Lugar donde estudiarás, aprenderás a leer y escribir, a dictar a los hermanos encarnados todo lo que veas y aprendas.

– Realmente te gusta la Casa del Escritor, ¿no? – pregunté

– Sí, me encanta este lugar. Es una colonia donde los hermanos que aman aprender y enseñar se unen en un esfuerzo mutuo para difundir buena literatura. ¡Es maravillosa!

En el aula, hablamos durante media hora, felices y tristes al mismo tiempo. Todos sintieron el término de sus estudios. Pero nos alegramos de haberlo completado. Nadie podía decir que uno seguía siendo el mismo de antes, nos sentimos enriquecidos.

Doña Isaura y Raimundo pronto recibirían otra clase. Frederico volvería a su Colonia de Estudio, donde enseñaría una determinada materia en el curso de Medicina.

– ¿Y Flor Azul?

Al ser recordado, este amigo entró en la sala.

– Ruego tu permiso para estar contigo en estos últimos momentos.

Lo abracé por mucho tiempo. Ensayé un agradecimiento formal antes, pero me sentía muy emocionada que solo logré decir:

– ¡Gracias!

Él sonrió gentilmente y limpió las dos obstinadas lágrimas que salieron de mis ojos en mi cara.

– Ahora, Flor Azul de Patricia, he vuelto a mi trabajo habitual, a tiempo completo. Con muchas ganancias.

Hice más amigos. Nos abrazamos y nos prometimos vernos.

Raimundo pidió silencio. Nuestro amigo instructor no tenía mucho de qué hablar. Con una sonrisa en sus labios, nos miró cariñosamente:

– Amigos, les agradezco por hacer de este curso una gran experiencia de aprendizaje, por hacer de este trabajo una ayuda para otros hermanos. El conocimiento adquirido son nuestros bienes, tesoros que nos enriquecen. Fue un placer convivir con ustedes. Espero que pongan en práctica lo que han aprendido en estos meses de convivencia. Estamos en condiciones de ayudar, es maravilloso. Ahora, unamos nuestros pensamientos en agradecimiento al Padre, a quien le debemos todo.

El agradecimiento debe estar dentro de cada uno.

Estuvo en silencio por un momento, dejando que nuestro agradecimiento fuera particularizado.

"Papá, gracias por todo" - pensé -. "Por todo. Estoy muy feliz, he recibido mucho, ayúdame a ser siempre digna de seguir recibiendo."

Raimundo, con voz emotiva, rezó el Padre Nuestro.

Al terminar, aplaudimos con alegría. Me sentía feliz de haber terminado otra etapa, otro curso de los muchos que anhelaba tomar.

Fin

Si te gustó este libro, ¿qué piensas acerca de hacer que otras personas también lo conozcan? ¿Podrías comentarlo con aquellos cercanos a ti, dárselo a alguien que pueda necesitarlo?

Libros de Vera Lúcia Marinzeck de Carvalho y Patricia

Violetas en la Ventana

Viviendo en el Mundo de los Espíritus

La Casa del Escritor

El Vuelo de la Gaviota

Vera Lúcia Marinzeck de Carvalho y Antônio Carlos

Amad a los Enemigos

Esclavo Bernardino

la Roca de los Amantes

Rosa, la tercera víctima fatal

Cautivos y Libertos

La Mansión de la Piedra Torcida

La Casa del Acantilado

La Gruta de las Orquídeas

Ocurrió

Aquellos que Aman

[233]

Libros de Marcelo Cezar y Marco Aurelio

El Amor es para los Fuertes

La Última Oportunidad

Nada es como Parece

Para Siempre Conmigo

Solo Dios lo Sabe

Tú haces el Mañana

Un Soplo de Ternura

Viviendo en el Mundo de los Espíritus

Libros de Eliana Machado Coelho y Schellida

Corazones sin Destino

El Brillo de la Verdad

El Derecho de Ser Feliz

El Retorno

En el Silencio de las Pasiones

Fuerza para Recomenzar

La Certeza de la Victoria

La Conquista de la Paz

Lecciones que la Vida Ofrece

Más Fuerte que Nunca

Sin Reglas para Amar

Un Diario en el Tiempo

Un Motivo para Vivir

¡Eliana Machado Coelho y Schellida,
Romances que cautivan, enseñan,
conmueven y pueden cambiar tu vida!

<u>Libros de Mónica de Castro y Leonel</u>

A Pesar de Todo

Con el Amor no se Juega

De Frente con la Verdad

De Todo mi Ser

Deseo

El Precio de Ser Diferente

Gemelas

Giselle, La Amante del Inquisidor

Greta

Hasta que la Vida los Separe

Impulsos del Corazón

Jurema de la Selva

La Actriz

La Fuerza del Destino

Recuerdos que el Viento Trae

Secretos del Alma

Sintiendo en la Propia Piel

Viviendo en el Mundo de los Espíritus

El Morro de las Ilusiones
¿Dónde está Teresa?
Por las puertas del Corazón
Cuando la Vida escoge
Cuando llega la Hora
Cuando es necesario volver
Abriéndose para la Vida
Sin miedo de vivir
Solo el amor lo consigue
Todos Somos Inocentes
Todo tiene su precio
Todo valió la pena
Un amor de verdad
Venciendo el pasado

Romances de Arandi Gomes Texeira y el Conde J.W. Rochester

El Condado de Lancaster

El Poder del Amor

El Proceso

La Pulsera de Cleopatra

Viviendo en el Mundo de los Espíritus

La Reencarnación de una Reina

Ustedes son dioses

Libros de Vera Kryzhanovskaia y JW Rochester

La Venganza del Judío

La Monja de los Casamientos

La Hija del Hechicero

La Flor del Pantano

La Ira Divina

La Leyenda del Castillo de Montignoso

La Muerte del Planeta

La Noche de San Bartolomé

La Venganza del Judío

Bienaventurados los pobres de espíritu

Cobra Capela

Dolores

Trilogía del Reino de las Sombras

De los Cielos a la Tierra

Episodios de la Vida de Tiberius

Viviendo en el Mundo de los Espíritus

Hechizo Infernal

Herculanum

En la Frontera

Naema, la Bruja

En el Castillo de Escocia (Trilogia 2)

Nueva Era

El Elixir de la larga vida

El Faraón Mernephtah

Los Legisladores

Los Magos

El Terrible Fantasma

El Paraíso sin Adán

Romance de una Reina

Luminarias Checas

Narraciones Ocultas

La Monja de los Casamientos

Viviendo en el Mundo de los Espíritus

Libros de Elisa Masselli

Siempre existe una razón

Nada queda sin respuesta

La vida está hecha de decisiones

La Misión de cada uno

Es necesario algo más

El Pasado no importa

El Destino en sus manos

Dios estaba con él

Cuando el pasado no pasa

Apenas comenzando

World Spiritist Institute

https://iplogger.org/2R3gV6